聖母文庫

福者マリー＝ユジェーヌ神父に導かれて

十字架の聖ヨハネの
ひかりの道をゆく

伊従信子＝編・訳

聖母の騎士社

福者マリー＝ユジェーヌ神父に導かれて
十字架の聖ヨハネの
ひかりの道をゆく

P. MARIE - EUGÈNE DE L'ENFANT JÉSUS
Jean de la Croix
Présence de la lumière
Éditions du Carmel
写真 © L'olivier, Venasque

出版にあたって

このたび、伊従信子編・訳『福者マリー＝ユジェーヌ神父に導かれて　十字架の聖ヨハネのひかりの道をゆく』が、聖母の騎士社により、「聖母文庫」の一冊として刊行されることになりました。今年の十一月十九日にアヴィニョンで列福されるフランスのカルメル会士マリー＝ユジェーヌ神父の講話からなる本書は、十六世紀スペインの偉大な神秘家、十字架の聖ヨハネの教説を理解していく上で、またとない好著と思われます。同神父については、すでに伊従信子氏により『神と親しく生きる　いのりの道』と『わたしは神を見たい　いのりの道をゆく』の二冊が「聖母文庫」から出ております。あわせて読まれれば、師やカルメルの霊性についての理解は一層深まることでしょう。本書を通して、すべての人が聖性への道を辿り、その高みへと達することができるよう祈ります。

二〇一六年諸聖人の祭日

跣足カルメル修道会　管区長　九里　彰

目次

第四部　愛に似たものとなる

はじめに

心の深みで、わたしは十字架の聖ヨハネと生きている

幼きイエスのマリー＝ユジェーヌ神父（アンリ・グリアルー）は生涯の終わりごろにこのように、自分とスペインのカルメル会士とのとても親しい恵みの絆を打ち明けています。そこに師の魂の動き、そして教会における使命を読み取ることができるでしょう。でも、それはマリー＝ユジェーヌ神父が自分で選び取ったのではありませんでした。すべては十字架の聖ヨハネとの衝撃的出会いからはじまったのです。

一九二〇年十二月十三日から十四日にかけての夜のことでした。アンリ・グリアルー神学生はロデス（フランスのアベロン地方）の大神学校での助祭叙階準備

の黙想中でした。カルメル会の一修道女が渡した十字架の聖ヨハネの生涯の略伝を読んでいたとき、神はカルメル会に自分を呼んでおられる、愛に生きるこの偉大な聖人の歩いた道に呼んでおられるとの突然のひらめき、確信がありました。

そのときアンリ自身はその日が自分の洗礼記念日であり、十字架の聖ヨハネの命日であることも思い当っていませんでした。というのも当時聖ヨハネの祝日は十一月の二十四日でしたから。カルメル会改革の父との恵みの絆の重要なしるしに気づいたのはそれからかなりたってのことでした。「自分が何も知らないときに十字架の聖ヨハネはわたしに関心を示してくれた。彼はわたしの親友であり、わたしのことをとても愛してくれていると思っている」と一九二七年に妹ベルタに書いています。

修道名を幼きイエスのマリー＝ユジェーヌと呼ばれるようになった若いカルメル会修道士は、聖ヨハネと同じ愛の絶対的要求に自分をささげることに魅了され、十字架の聖ヨハネの著作を読み、また読み返し、祈りと自己奉献の生活において自分に与えられた恵みに完全に自分を明け渡しました。

一九二六年八月二十四日に教会博士に挙げられた十字架の聖ヨハネの祝いの行

事は一九二六年から一九二七年にかけて増す一方でした。幼きイエスのテレーズの説教によってフランスで知名度を増していたマリー＝ユジェーヌ神父は、各地で三日間の説教のために十字架の聖ヨハネの生涯とその教えの講話を依頼されていました。

マリー＝ユジェーヌ神父は生ける神と出会うために絶対的なものを求める道に聴衆を巻き込んでゆきました。当時十字架の聖ヨハネはまだ広く知られていなかったので、多くの人たちにとって素晴らしい発見となりました。三十二歳の修道者の霊的体験と知恵に魅了され、あるカルメル会の修道院院長は他の修道院への手紙で「若年寄り」、「謙遜でとても思慮深い」十字架の聖ヨハネと紹介しています。

一九二七年十字架の聖ヨハネの祝日に、聖テレーズをヨハネの現代の偉大な後継者として、紹介するようマリー＝ユジェーヌ神父はリジューのカルメル会修道院での講話を依頼されました。そこでの聴衆の中にはテレーズの三人の姉妹、セリーヌ、マリー、ポリーヌ（イエスのアニェス院長）がいました。

生涯の終わりごろマリー＝ユジェーヌ神父は一九二七年のこの講話がカルメル

会士として、またノートル・ダム・ド・ヴィ在俗会創立者としての使命に決定的であったと打ち明けています。

わたしは好感をもたれ、称賛されました。人々を神へ向かわせる力があると感じました。十字架の聖ヨハネの三日間の講話のプランは聖霊によって与えられ、わたしがしたのはほんの一部でした。この三日間の説教には、回心やとても強い霊の力に人々は挙げらるなどのすごい反響がありました。わたしはいつも成功の後には少し恥をかくように願っているのですが、リジューでは説教の最後の言葉を失ってしまいました。そして真っ赤になって説教台を離れ、急いで香部屋に身をかくしました。わたしにとって恥をかくことは心地よいことなのです。(未発表)

三日間の講話シリーズが始まって早くも二日目にアニェス院長は説教師に一筆したためています、「神父様の説教にわたしたち一同はよく導かれました。心から感謝しています。」人々の心への深い影響力が明らかにされました。聖ヨハネの教えは多くの人々が待っていたものでした。マリー＝ユジェーヌ神父はその教えを普及させ、「謙虚に、幅広くすべての環境のすべての人々が神と親しく生きるように、み心の秘密をあらわにするように呼ばれている」のです。一九六四年マリー＝ユジェーヌ神父は言っています、

十字架の聖ヨハネの三日間の講話は人々にこの教えを伝える望みをわたしのうちに増すばかりでした…。誰のうちにおいても、どこにおいてもこの教えへの渇きを感じさせました…この教えは人々に霊的生活のさらに高い段階へと人々を導きました。（未発表）

現代の人々の霊的必要性を体験的に知っていたマリー＝ユジェーヌ神父は、十字架の聖ヨハネは霊的な渇きを知らずに渇き求める現代の人々に神から与えられた光であると察していました。神父は帰天二年前一九六五年に、この確信を再び断言しています。

十字架の聖ヨハネの教えは、現在、人々を引きつけているといっていいでしょう。流行というのではなく、必要とされているのです。現代のように非キリスト教化された時代に、聖霊の巻き返しとでもいうのでしょうか。聖霊は、ある人々を捕らえ息吹を送ります。こうして彼らに神への渇きと完徳への激しい望みをおこさせるのです。それはこのような時代に与えられた恵みといえるでしょう。高い完徳を、世間において熱心に望む人々がいます。すべてを神に与えたい、捧げたいと望んでいる人々のことです。結婚生活においても、そのような多くの証しがあります。このような人々の熱望を実現するために、十字架の聖ヨハネの教えは必要とされているのです。

マリー＝ユジェーヌ神父の生涯は、二人のテレジアとともに誰もが認める十字架の聖ヨハネの霊的生活の教えを根気よく伝えました。『わたしは神をみたい』（『JVVD』）の序文で、自分の使命は「カルメルの改革者たちの教えと証しを完全に伝えること」であり、自分はできる限り消え彼らに語ってもらうためだと言っています。しかし「消える」ことは教えとカルメルの生活がここまで一つになっ

ている以上それは不可能なことです。一人のカルメル会修道女は思い出していま
す。

マリー＝ユジェーヌ神父はたぐいまれな知識をもっていたので彼の答えは十字架の聖ヨハネ、アビラのテレサあるいは聖テレーズの教えと完全に一つになっていたとわたしにはわかりました。ですからわたしたちの聖人の誰それがこのように言っていると引用することもないぐらいに。（未発表）

この領域は何よりも愛に関すること、したがって命に関わることなので、言葉と体験は通常一つであるはずです。十字架の聖ヨハネの帰天四百周年の使徒的書簡のなかでヨハネ・パウロ二世はこの神秘博士のメッセージが人々に浸透していくことを喜んでおられます。しかし単に知的なレベルにとどまるのでなく「聖なるカルメル会士の言葉と生涯がカルメル会の息子と娘たち一人ひとりのうちに生きられるようになるなら、なんという祝福でしょう。」と（一九九〇年十二月十四日）。この教皇の願いは一九六一年ドミニコ会士がマリー＝ユジェーヌ神父

に会った日書き残したメモによみがえっています。

今日わたしは二十世紀の十字架の聖ヨハネに出会った。愛の火が焼き尽くし燃える炎となった魂、…彼が十字架の聖ヨハネのまことの弟子であるとわかった。彼のうちで、素晴らしいことは考え、教え、体験、生活の知恵は愛の上智のうちに吸収されていた。

(P.Vercoustre、仏カルメル誌一九六八年、16頁)

本書は、このようなマリー＝ユジェーヌ神父が十字架の聖ヨハネを生き、体験し、確認した教えなのです。ですから、十六世紀の十字架の聖ヨハネの教えは現代の人々にも十分適応されます。

ここに掲載されたテキストは説教、講話、時には口述などさまざまな種類のものからとられています。しかもそれらはすべて録音・記録として残されたものですので、生き生きとした表現になっています。このように異なるテキストを通して常に今日の人々を信仰と観想の道によって愛の山頂に導こうとするマリー＝ユジェーヌ神父の使命で貫かれていることがわかっていただけるでしょう。各ページは神の命を伝え、実践的手段を示して聖性の最も高い段階へと導こうとする彼の配慮が伝わってきます。

十字架の聖ヨハネ
―「みことばの光」の証言《あかし》

ともし火をともして、それを穴蔵の中やますの下に置く者はいない。入ってくる人に光が見えるように燭台の上に置く。あなたの体のともし火は目である。目が澄んでいれば、あなたの全身が明るいが濁っていれば、体も暗い。

（ルカ11・33～34）

典礼が十字架の聖ヨハネの祝日のミサ中にこの福音の聖句を挿入したことは明らかに目的あってのことです。ルカはその中で光と単純さを讃える主の言葉をあげています。わたしたちの体は光り輝くか、または暗闇に包まれていると語っています。もしわたしたちのまなざしが単純化されるなら、「あなたの全身は光り輝くでしょう」、そうでなければ暗闇に包まれているでしょう。この聖句は十字架の聖ヨハネの祝日を、光の祝日として祝う真の意味付けをしているように思われます。

彼の死後、その体は光を放っていたと言われています（列福調査証言）。兄のフランシスコは切り取られた聖人の肉片の一つをもっていました。道を歩きながらこの遺物を眺め、光を放っているのを見て驚きました。このような現象はこれからもおこり得ます。十字架の聖ヨハネのまなざしは澄みきっていたので、彼の体は光を放っていたのです。ここからわたしたちは教訓を得ることができるでしょう。

何故彼の体は光を放っていたのでしょうか？　彼が天的なものの深さと、そして魂の深みを同時に洞察できるすばらしい知性にめぐまれていたからでしょうか？　総合的な彼の知性が、サラマンカ大学で学んだ神学の実りと、彼が内的に、心理的に、霊的に発見した実りを統合することを知っていたからでしょうか？　こうして彼は真の神秘神学博士になったのでしょうか？　そうではないのです。彼の魂が輝き、彼の祝日が光りの祝日であるのはそのためではありません。彼の体が光を放ち、彼の魂が光で包まれていたというのは、十字架のヨハネが澄んだまなざしを持っていたからなのです。

「単純なまなざし」とはどういうことを言うのでしょうか。見る目が単純だったからでしょうか。そうではありません。それはまなざしの単純さ、とりわけ魂のまなざしのことで、いうなら、信仰のまなざしのことなのです。彼は単純なまなざしによって、観想を実現したのです。真理への単純なまなざし。「単純」とは信仰のまなざしがあらゆる不純なもの、罪・汚れ・神へと向かうのに妨げとなる一切から解き放たれていることを言うのです。つまりこれは感覚的支えとなる一切のものから、このまなざしがもたらす霊的体験の支えとか、霊性がもたらす知的な支えなどからさえも自由であることを言うのです。

十字架の聖ヨハネの澄んだまなざし、彼の知性に据え付けられた信仰というアンテナのまなざしは、神だけしか目指さず、神ご自身しか望まない。たとえ、それが暗闇に包まれていようとも、あるいはむしろ暗闇に包まれていたとしても、彼の信仰はこの闇の中で新たに浄化されるのです。

何ものにもとどまることなく一切を超越すること。これが彼の生き方でした。

あらゆる支え、あらゆる善、感覚的、知的、霊的なもの、あらゆる示現、彼の過去そして未来のすべての高度な体験さえもすべて超越すること。見ることも、望むことも、渇望もせず、神の中にのみ、彼の信仰だけがとらえることのできる闇におおわれた神ご自身の中にのみ、その身を沈めるためでした。

このやみがたい望みは成功をおさめました。彼は遂に神ご自身に到達し、そこに沈んでいました。こうして彼はわたしたちの計り知ることのできない深淵にたどりついたのです。そこで彼は自分を照らした光を吸収し、自分を変容させた愛を汲み取ったのです……「あなたの目が澄んでいるなら、あなたの全身は光り輝く」。ここに光りの人、十字架の聖ヨハネの姿があります。彼は信仰のうちに上智である神に嫁ぎ、神の上智は自ら彼と親しく交じわったからなのです。

確かに、この神の上智、この光りは十字架の聖ヨハネのだけのものではありません。福音史家ヨハネが洗礼者ヨハネについて言ったことは、そのまま十字架の聖ヨハネについても言えます、「彼は光ではなく、光りについて証しするために来た」(ヨハネ1・8)。

十字架の聖ヨハネの光りとは、みことばの光り、神の上智の光りの「証し」な

のです。彼が発見した光りは、家の戸口にたたずみ、大気中に留まっている太陽の光りのようです。その光りは、わたしたちが家の窓を開けないかぎり、家の中に入りません。神の光りは、ちょうどこの太陽の光りのように、わたしたちが霊魂の窓を信仰のまなざしによって開けさえすれば、わたしたちのうちに豊かに注がれ、光りそのものへと変容させるのです。十字架の聖ヨハネはこのような神の光りが存在し、そのすばらしい働きの効果を自分が光りそのものに変容されることによって、わたしたちに証ししてくれるのです。

従って、十字架の聖ヨハネは神の光りが存在し、その光りのうちには活力があり、そこに至るには澄んだ目と信仰の単純さによることを証しします。「目が澄んでいれば、あなたの全身は光り輝く」。

ここに、この祝日がもたらすもの、わたしたちが心にとめておかねばならない教訓があると言えます。まさにこの澄んだ目が一切を浄めるのです。これによって一切を浄化し、一切を変化させ、変容させる光に到達することができるのです。十字架の聖ヨハネはこれについて語り、このことを示してくれます。聖人の祝日にあたってただ彼の教えを思い起し、彼のうちになされたすばらしい神のみ業をたたえるだけでなく、わたしたちも彼の模範にならい、跡を慕って歩むように心がけましょう。

大事なことは何でしょうか。わたしたちのまなざしを浄めることです。十字架の聖ヨハネのようにすべてのうちに、すべてを通して神に至るまでにわたしたちの信仰が浄められますように。わたしたちは神から出、神へと戻ってゆきます。この地上での生活は、わたしたちを徐々にすべてのものから解放し、わたしたちの愛情そして執着しているものからわたしたちのまなざしを、浄めるために与えられているのです。わたしたちのまなざし、渇望が神以外のものに向かうことのないように。まことに神こそがわたしたちの目的なのです。神のうちに慰め・美しさ・光りさえも探し求めないように。ただ神ご自身を求めるように。なぜなら、神のうちにのみわたしたちは目的・喜び・開花を見いだし、この地上において神のうちにのみ、光りを見出すことができるのですから。

十字架の聖ヨハネに、彼の跡を慕ってわたしたちが歩むように願いましょう。そしてわたしたちがまなざしを浄めるよう教えてもらいましょう。おそらくごく簡単にできることなのでしょう。わたしたちは多くの場合、わたしたちにとって助けになるものを、妨げとみなしてそこに留まってしまいます。たとえば自分の弱さ、貧しさ、みじめさとか、自分があまり利口でない、聖なるものでないとか（少なくとも自分で思い込んでいる聖性に照らしてみて）。このようなことはすべて実は、わたしたちの信仰を浄め澄んだものにする手段なのです。

実に、わたしたちをおおっているみじめさ、傷、わたしたちがどっぷり浸っている弱さ、徳のなさ、洞察力の不足など、すべては手段となり得ると言いたい。こうしたすべての貧しさのうちに信仰を打ち立てていかなければならないのです。もし貧しさがないなら、造り出すことさえして、その貧しさのうちに神を呼ばわり、貧しさのうちに埋没するのではなく、この貧しさのうちにこそ信仰を打ち立て、神へと向かい、神のうちに浸る必要があるのです。この信仰は貧しくなければなりません、すなわちすべてのものからの貧しさ、特に自分が所有していないと嘆くものごとから貧しいこと。もし嘆くなら、わたしたちはまだそれらに執着しており、その貧しさは真実ではありません。物質的にすぎず、まだ霊的ではないのです。

神に到達するためには、完全で絶対的な貧しさ、いわば廃墟のように、すべてが打ち砕かれたようなまったき離脱のうちに、信仰を打ち立てて生きなければなりません。信仰は廃墟に、カルワリオの闇と敗北のうちにこそ輝きだすのです。聖アウグスチヌスが言うように蝋燭台を立てるのはそこなのです、「蝋燭台、それは十字架です」。この蝋燭台の上にこそわたしたちのところに届く「みことばの光り」は輝いているのです。この光りがわたしたちを照らし、この光りにこそわたしたちのまなざしは常に注がれていなければならないのです。なぜなら、十字架につけれた「受肉されたみことば」のうちにこそ、わたしたちは光りを見つけるのですから。

このような単純なまなざしと信仰の純一さの恵みを願いましょう。単純なまなざしも信仰の純一さも富を必要としないだけでなく、むしろ富を恐れます。それが物質的、感覚的、知的富であろうと、例え、それが霊的な富であっても。なぜならどのような富であれ、富は自らを養い、汚し、神への飛翔を妨げます。そして神へと向かう力、洞察力を失わせてしまうからです。わたしたちのまなざしが受肉されたみことばの光りにじっと注がれるとき、みことばの光りは降りてきます、そして「全身が明るく輝く」のです。確かに、十字架の聖ヨハネの体のように、わたしたちの体も光り輝くようになり得るのです。

わたしたちの弱さが何でしょう。神の光りはさらにもっと輝くため、特別に反射するために、わたしたちの弱さを使われます。湿気を含んだ雲を通して、太陽の光線は虹を発生させるではありませんか。また太陽光線は、人間の手による洗練された宮殿よりも、荒れ果てた廃墟のなかにより明るく、よりやわらかく光り輝くのは事実ではないでしょうか。

カルワリオを眺め、こうして輝き、闇にみなぎっている「みことば」の光りを見るとき、もっとも純粋に、もっとも効果的にわたしたちにこの光りを反射してくれる鏡とはいったい何なのでしょう。確かにそれは処女マリアに違いありません。傷なき、清純な乙女、無原罪の母マリア。彼女はわたくしたちにとって、「みことばの光り」、豊かな実りをともなった光りを、わたしたちに反射し送ってくださいます。彼女のそばに誰が居るのでしょうか。そこにはマリア・マグダレナと良き盗賊がいます。

マリア・マグダレナ、彼女もまた一つの鏡なのです。感覚的、官能的なみじめさで汚れているかに見える鏡。しかし、わたしたちがこの鏡を通して受ける光線はとてもやさしく、穏やかです……そこには良き盗賊もいます。犯罪を重く背負っている盗賊もまた、十字架上の「みことば」の慈しみの光りを受けているのです。彼の魂の鏡が送る光りは、彼の言葉、彼の主への信頼の証しにより、また犯罪を背負ったものの鏡によってわたしたちへと届く光りなのです。このような光りこそ、わたしたちのみじめさや貧しさにとって、もっとも慰めになるのではないでしょうか。

確かに、神の光りはすべてを使われます。神のこの光りは、十字架の聖ヨハネを通すと、ちまたの流行歌、官能的な歌でさえ浄めてしまいます。するともはや「神の愛」と神のものとなった人の愛についてしか歌わなくなるのです。すべては浄められ、「すべては光り輝く」。確かに、すべては澄んでくるのです。

これらのことのうちに、何という貴重な教訓があることでしょうか。わたしたちのみじめさは、決して妨げとはならないのです。みじめさは一つの手段であり、貧しさは必要なのです。自分のうちにかかえている貧しさや傷を利用しましょう。十字架の聖ヨハネは、わたしたちのみじめさは神の光りのもとに置かれるならば、光りの源となると教えてくれます。良き盗賊、マリア・マグダレナ、そしてトレドの流行歌がそのことをわたしたちに証ししてくれます。

では自分のみじめさを信頼を以て近付き、受け入れましょう。使徒パウロのように、わたしたちが何かを誇りとするなら、このみじめさをこそ誇りとしましょう。「わたしは弱いときにこそ強いからです」（二コリ12・10）。何故でしょうか。この弱さはある意味で、わたしたちに権利を与えてくれます、というか少なくとも神の慈しみを呼びおこしてくれるからです。神の光を浴びると、弱さ、貧しさは満たされ、浄められます。それ以上に、みじめな自分ながらに、神の光りを人々に証しすることが出きるからなのです。

カルワリオの場面、聖母の証しを思い起しましょう。もちろん聖母の証しは、無原罪による比類ない証しです。このような完全な清さがなければ、マリア・マグダレナ、良き盗賊に近付きましょう。神の光りについての証しが、わたしたちのみじめさ・貧しさ・傷・弱さを通して、または、もしかしたらわたしたちの罪悪を通して、神の光り・慈しみ・愛の力強さをこの世に証しすることとなるように。このような証しがわたしたちの使徒職となりますように。すなわちわたしたちのような弱く、貧しく、みじめなすべての人々が、神の愛と光りの火のもとに、単純なまなざしを培い、霊的生活の頂へと魅了されますように。

このような単純なまなざしに至ることができるように、十字架の聖ヨハネに助けを願いましょう。そしてわたしたちのうちに、その熱い想いをわかせ、その実現にあったてどのようにしたらよいのか導きを願いましょう。わたしたちがもっている宝、すなわち洗礼の時与えられたアンテナ（信望愛）について気付くように。このアンテナによって、神を真に、効果的に、ますます親しく触れることが出きるのであり、神の光り、みことばの光りにさらに深く入っていくことができるのです。わたしたちの全身が明るくなり、「家の中にあるすべてのものを照らす」（マタイ5・15）ように、わたしたちに近付く人々を照らすことができるように、自分自身がまず光りに満たされますように。

第一部　十字架の聖ヨハネの跡を慕って

神秘家は愛の博士、暗夜の博士

十字架の聖ヨハネを「神秘家の師」と呼ぶのは、神との一致、つまり、完徳にいたる霊的道のりを、わたしたちに示したからです。わたしたちのこの世における霊的歩みは、洗礼のとき与えられた聖霊によって、神との完全な一致にいたるまで、恵みのうちに変容され続けることです。聖パウロは「神の霊によって導かれている者は皆、神の子なのです。」（ロマ8・14）（注：十字架の聖ヨハネがこの聖句を使うのは霊的生活の頂点を表現する時）と言っています。それは、聖霊がわたしたちの魂のエンジンとなるまでに、神との完全な一致を実現してゆくことなのです。

二人の教会博士、アビラの聖テレサと十字架の聖ヨハネは、自分たちの体験をもとに、神との一致に至る道のりを、カルメルの霊性としてわたしたちに残してくれました。聖テレサの霊的体験は女性の気質をもってなされ、その教えはどちらかといえば描写的です。十字架の聖ヨハネの体験は男性的です。とはいえ、彼の打ち立てた霊的生活の神学は、聖テレサに負うところが多くあります。

十字架の聖ヨハネによる神秘生活についての教えは、聖テレサが、『霊魂の城』の第一の住居から第七の住居までを説明したのと違い、霊的教えの全般にわたりませんでした。まず、神へと向かう霊魂の霊的道順を示し、次に、その途中でもっとも難しい通過点を強調します。よき父であり指導者である聖ヨハネは、多くの人々が神へと向かう歩みのなかで陥るいくつかのことを注意・説明し、照らすことに専念しています。この霊的道のりでは、「離脱」と「無」が強調されます。すべてのものから徐々に離脱してゆくことが大切であり、それは、五回繰り返される「無」によって表現されています。

神との一致に到達する山頂において、彼が描写するのは霊魂の意識・自覚・印象、状態などではなく、自分が感知した神ご自身についてです。鷲である彼のまなざしは聖三位を極め、わたしたちに自分が発見したことを伝えてくれます。神のうちに発見したこと、また霊魂のうちでの神の働きの発見を記述しています。

このように見てみると、聖テレサとの違いがよくわかります。聖テレサは、どちらかというと、霊魂の状態、個人的な体験などに重きをおいています。十字架の聖ヨハネの方は、ある意味で客観的であり、神についての考察がなされています。それゆえに、「神秘家の博士」と呼ばれるのです。彼の教えは完全な形式をなしており、同時に総合的で、独特なものです。もちろん、わたしたちは他の著者たちからも光を得ることができます。たとえば、タウラーのような人たち、あるいは他の流れではサレジオのフランシスコのような人々など。けれども十字架の聖ヨハネは総合的教えを与えてくれることにおいてユニークといえます。

神を求めて

十字架の聖ヨハネは、早くから自分の存在の深みにおいて神を捜し求め、神を見出すことに捕らわれていました。それは、彼が生まれながらに受けた恵み、洗礼の恵みの色合いとでもいうのでしょうか。この恵みのうちに神の渇きを見出していたのです。

ジャック・パイヤルド（Jaques Paliard、哲学者一八八七〜一九五三、モーリス・ブロンデルの弟子）は、十字架の聖ヨハネの魂を、「常にすべてを過ぎ越してゆく動き」として説明しています。これは現代哲学、つまり、体験とダイナミックな歩みを通して人間を考察する哲学と通じるところがあります。パイヤルド氏は、すべてを過ぎ越して神へと向かう魂として、十字架の聖ヨハネを紹介しました。聖ヨハネはさまざまな出来事を生きるにあたって、満たされない思いや他のことに対する気がかりなどよりさらに高尚な何かを求めていたとおもわれます。ヨハネのこのような鎮まることのない思いは、神を見出すことによってはじめて充たされたのですが、それは、神を渇き求め、神に触れていく度合いに応じてなされたのでした。

十字架の聖ヨハネの教えの底には、表面には必ずしも現れない神に到る渇き、突き上げるような望みがあります。通常この点は強調されていませんが、とても大切なのです。それはちょうどエンジンであり、神の息吹なのです。神へ向かいたい、どんなことがあっても、何にも妨げられないで神に到達したいと望む人のうちにある神の息吹なのです。これはすべてを越えてゆく動き、すべてを通り越して神へと向かう動きなのです。ここに十字架の聖ヨハネの教えの特徴があります。

十字架の聖ヨハネは、聖テレサが説明した第四の住居から、霊的旅をはじめます。この時期に、聖霊はその人のうちで、ご自分が舵を取ってその人を導こうとされます。十字架の聖ヨハネにとって、この人々は初心者なのです。本当にそうなのでしょうか。この時期において、人は完徳をきわめたいと望み、愛と離脱を実行しはじめるからです。「このような人において聖霊は働きはじめ、主導権を握る」と、十字架の聖ヨハネは言います。このことは聖テレサも同じ考えです。（『JVVD』544頁、290頁の注）。

以上述べたことは、忘れてはならない基本的な真理です。観想生活をする人たちのためだけではなく、キリストに従うためにすべてを捨てて自らをささげた奉献者、またすべてのキリスト者にとっても真実だということをここで強調しておきます。

十字架の聖ヨハネの教えは、現在、人々を引きつけているといっていいでしょう。流行というのではなく、必要とされているのです。現代のように非キリスト教化された時代に、聖霊の巻き返しとでもいうのでしょうか。聖霊は、ある人々を捕らえ息吹を送ります。こうして彼らに神への渇きと完徳への激しい望みをおこさせるのです。それはこのような時代に与えられた恵みといえるでしょう。高い完徳を、世間において熱心に望む人々がいます。すべてを神に与えたい、捧げたいと望んでいる人々のことです。結婚生活においても、そのような多くの証しがあります。このような人々の熱望を実現するためにも、十字架の聖ヨハネの教えは必要とされているのです。

浄化の必要

人々のうちに、神へと向かおうとするダイナミズム、神への渇きが生じ、それが発展していくようになると、何が起こるのでしょうか。神に近づくには、当然、わたしたちは清くなければなりません。わたしたちは自分のうちに罪の結果や、「整理」されなければならないさまざまな欲求を背負い込んでいます。十字架の聖ヨハネが言う「生来のがさつさ」は、浄化を必要としているのです。ある人たちは、十字架の聖ヨハネの浄化に関する教えは、観想家のためだけだと思っています。観想家たちだけが原罪を持っているかのように！　他の人々は、観想家たちよりもう少し浄化されなければならないとは思いますが、神との一致を望むすべての人に浄化は必要とされるのです。

―感覚の浄化―

第一段階は感覚の浄化です。想像や推理という霊魂の表層である感覚の浄化です。浄化というよりは神へと向かうために、人間のもつ諸機能を神的なことがらに適合させることです。まず浄化の前に、大きな鋏で刈り込まれるのです。この仕事は神の働きによってなされます。十字架の聖ヨハネが示す大きな光は、「神が主導権を持っておられる」ということです。これが聖霊による働きです。それですから、聖霊が聖人を造るといわれます。

ではどうしたらよいのでしょう。忍耐し、「はい」と応えることです。神がある側面を刈り込まれたなら、他の側面をも差し出して同じようにしていただくのです。これが、十字架の聖ヨハネの言う苦行、神の働きに従う修行です。神秘的苦行といったらよいでしょうか。ここでは、一世紀半から半世紀ほど前に書かれた著作に見られるような能動的苦行、すなわち人間の努力による苦行をいうのではありません。

この神の働きとは、どのようなものなのでしょうか。念祷のときの神の光のもとでなされる働きだけではありません。出来事もまた、まわりの人々などを通してわたしたちにもたらされる神の働きです。特に、とても善意のある人々で、罪を犯すことなくわたしたちを迫害する人々など（『自叙伝』36章参照）によって浄められてゆくのです。浄化とは、信仰によってさまざまなことがらのうちに、神の働き、神のみ手を見る修行なのです。そのみ手が具体的に何であろうと、道具である人の感情がどんなであろうと、自分に振りかかってくることがらをどのように正当化しようと、そこに神の働きを認めることです。

聖霊による聖化の働き

聖霊がわたしたちを聖なるものにします。これは霊的生活の基本的な真理です。教会の聖性、聖ペトロ、聖パウロ、または聖フランシスコだけではなく、惨めなわたしたち一人ひとりの聖性についても同じです。聖霊は誰をも無視することはありません。一人の人は聖霊にとって大変価値があるのです。神はわたしたちをキリストの神秘体のうちに位置づけ、前もって一人ひとりの美しさをさだめ、果すべき役割を与えられます。わたしたちの導き手である聖霊のみわざとは、わたしたちがこの美しさに到達し、果すべき役割を実現することなのです。

わたしたちは大体いつも自分の働き（苦行）にとても信頼しています。それで聖霊はわたしたちの生活の中に十分に入ってくることができません。聖霊の直接的、間接的働きをわたしたちは信じません。聖霊の働きをなにか特別なことのように思い、示現を与えるだけのように思ってしまいます。いいえ、彼が示現を与えるのはまれなことです。聖霊の仕事は聖性と浄化なのです。ですから、霊魂の修行、苦行は聖霊の導きに従うことです。聖霊を信じ、彼がするすべてのことに感謝することです。

—霊の浄化—

十字架の聖ヨハネによると、感覚の浄化とは感覚を霊に適合させることです。この新しい状態に慣れると少し休むために、横ばい状態がしばらく続く安定期に入ります。その後、また浄化が始まります。それはさらに深いところの浄化で、これが霊の浄化です。十字架の聖ヨハネの描写を再読する必要があるでしょう。けれども実生活において、その通りに実現するのではありません。というのは十字架の聖ヨハネはこの浄化の特徴すべてを述べていますが、実生活では様々な出来事、状況の中で、浄化は希薄にされ、また分散されることになるからです。激しい不安を伴う霊の浄化は、祈りと生活の中でなされます。たとえば長上への従順のうちに浄化はなされ、院長であればたとえば建築中の金銭の不安などのうちに見出されるでしょう。

霊的なものは現実の生活からかけ離れてはいません。聖霊の働きによって生活の中に浸透しているのです。ですから神の働きに忠実であるということは、生活の中で霊の働きについて行く用意があり、実際に従っていくことなのです。聖霊ご自身が浄化してくださり、同時に霊魂を導いてくださいます。

―完全な貧しさのうちに―

十字架の聖ヨハネは神との一致にいたる道のりを、五回繰り返される無の道として示しています。それは神に到達するまで絶えず乗り越えてゆくべき脱皮であり、浄化であり、さらに貧しくなるということなのです。感覚的なもの、知的なものから貧しくなること。祈りにおいて無味乾燥のうちにいるでしょうか。それは全く当たり前のことなのです。無味乾燥は神からの罰ではありません。もちろん生ぬるく生きている人にとっては罰かもしれませんが。神との一致を求め続けている忠実な人には、通常神の働きの結果です。単に「貧しくなる」ということなのです。思考の貧しさやさまざまな機能の働きが鈍ってくることから、霊的に貧しくなることまでを含んでいます。

愛の山頂での神の働き

このようにして十字架の聖ヨハネは山頂にたどり着き、鷲のまなざしで霊魂の深みにおける神の働きを探ります。『愛の生ける炎』で、彼は何と言っているでしょうか。主導権は神にあります。山頂で、聖霊は霊魂にご自身を示され、霊魂のうちで喜びの祝宴を催します。これは寓話ではありません、十字架の聖ヨハネは、ただ福音書を示しているにすぎないのです。「わたしを愛するものはわたしの言葉を守る。わたしの父はその人を愛され、父とわたしとはその人のところに行き、一緒に住む。」(ヨハネ14・23)。

三位一体はどのように同質性の光によって、ご自身が愛する人のうちにその約束を実現されるか、またどのようにして霊魂をご自分と親しくされるのか、十字架の聖ヨハネはそのことをわたしたちに示してくれます。

十字架の聖ヨハネは聖三位の各ペルソナの働きを見事に説明しています。それ故に彼は神秘家の博士なのです。愛の博士、聖霊の博士であるがゆえに暗夜の博士なのです。そしてその逆も同様、暗夜の博士なので愛の博士でもあるのです。

現代哲学の研究者たちは、この浄化について研究しました。そしてメランコリーの人たちはこの浄化に魅せられます。はればれしない落ち込んだ気分が現象的に類似しているために、彼らはある種の「喜び」を見出すのです。もちろん、これは十分ではありません。それで最近、大学の研究者たちといっしょに次のことを強調するようにしています、「十字架の聖ヨハネは単に無の博士、暗夜の博士ではなく、特に愛の博士、聖霊の博士である」と。むしろ十字架の聖ヨハネは聖霊の博士です、聖霊はこの暗夜を要求するからです。

十字架の聖ヨハネを読む

どのように十字架の聖ヨハネを読んだらよいのでしょうか。ある時期、照明主義者になることを恐れて彼の著作は禁書でした。聖テレサのことばを思い起こしましょう。「念祷でたびたび間違いをするからと、わたしたちに念祷をさせないようにします。念祷をしない人で道を間違う人のほうが念祷をして間違う人よりずっと多いとわたしは思います」（『自叙伝』8章）。十字架の聖ヨハネに関してわたしは同じように言いましょう。彼を照明主義者だと思いますか？　彼は信仰の光を重要視し、あらゆる方法で照明主義から免れるようにしています。心理的に少し弱い人でないかぎり、十字架の聖ヨハネを読んでも危険はありません。そういう人はどの本を選ぶかが大切です。

何から読みはじめたらよいのでしょうか。十字架の聖ヨハネに関しては、『愛の生ける炎』からはじめることを勧めます。そこに十字架の聖ヨハネの最も素晴らしい記述を見出すでしょう。霊魂のうちにおける恵み、あなたの洗礼の恵みについての最も美しい説明です。同時に霊的生活のためのもっとも実践的な勧め、特に、そこに自分自身の霊的指導を見つけるでしょう。次に『霊の賛歌』を勧めます。

幼きイエスの聖テレーズは、主に『愛の生ける炎』、『霊の賛歌』を読み、ほぼ全部暗記していたということです。十六、七歳の頃から読んでいたといっています。でも彼女は照明主義者にはなりませんでした。また『カルメル山登攀』を読み、修練者の質問には十字架の聖ヨハネの言葉を引用して説明していました。

十字架の聖ヨハネはわたしたちが精通している著者となるべき方です。彼の著書は霊的生活のカテキズムともいえるでしょう、そこにわたしたちは霊的生活の原則を見つけますから。わたしたちのうちで神への渇きと飢えを養ってくれるのに大いに役立ちます。十字架の聖ヨハネはわたしたちが親しくすべき聖人であり、もっとその教えを知るべきです。

第二部　神が使われる手段

信仰の神秘

「神との愛の一致にいたりつくためには、信仰が、それにふさわしい至近の手段である」（『カルメル山登攀』126頁）

わたしたちは神や神の啓示された真理を信じて、信仰によってそれに従います。信仰が対神徳といわれるのは、神が信じる対象であり、その理由だからです。神は神であるがゆえに、誤ることがなく欺くこともない方です。ですから、神を信じるのです。この信仰によって、わたしたちは神のいのちに触れ、神に到達します。では、この信仰が、どのようにわたしたちの超自然的な営みに介入するのかを見てゆきましょう。

1　ユニークな手段

―射し込んでくる光―

信仰は神秘ですが、それにもかかわらず研究されるのは、わたしたちの内的生活、神とのかかわりにおいてとても重要だからです。十字架の聖ヨハネは、信仰を基礎的なテーマとしています。

信仰の神秘に関する光を受けるために聖書を開くと、イエスはニコデモにこの神秘に関して話しておられます（ヨハネ3・11～13）。イエスだけが神について話すことができるお方です。なぜなら彼だけがみことばとして神から来られ、神をごらんになったのですから。ですから、みことばだけが真理において、威厳をもって神について語ることがおできになるのです。別の言い方をすれば、イエスは人間の言葉をもって神の神秘を話すことができ、なんらかの光を与えることができるお方なのです。それならば、イエスをとおして差し込んでくる光をいくらかでも受け止めようではありませんか。

この光は「神秘」を示していても、この光で神秘そのものを明確にすることはできません。また適当な概念を使って、信仰が何であるかを説明することもできません。それでも、何かしら知ることはできるし、また信仰の神秘のある側面を示すことはできます。ではこの神秘からできるだけの光を受け止めるようにしましょう。

―人間の神秘、神の神秘―

まず、わたしたちの信仰の確認をしましょう。ヨハネ福音書は「すでにわたしたちは神の子である」と記しています。わたしたちがどのようなものになるかはまだ示されていません。「わたしたちは、今すでに神の子ですが、自分がどのようになるかは、まだ示されていません。しかし、御子が現れるとき、御子に似たものとなるということを知っています。なぜなら、そのとき御子をありのままに見るからです」（一ヨハネ3・2）。わたしたちはまことに神の子であって、養子ではありません（注：法的な養子ではなく、「あなたがたは、人を奴隷とする霊ではなく神の子とする霊を受けたのです」ロマ8・15、ガラ4・5と同じ意味で）。神の命を受け継いでいる真に神の子です。聖ヨハネが断言することを大切に心に刻みましょう。神の光のうちに、神ご自身を見て、わたしたち自身がどのようなものであるかもわかるでしょう。

またヘブライ人への手紙11・1で、「信仰は希望することを保証してくれる」（エルサレム訳）、ヴルガタ訳の表現はもう少し強く、「信仰はわたしたちの希望する神、天国の本質を与えてくれる」（『カルメル山登攀』Ⅱ5章）となっています。

要するに、信仰は、わたしたちの超自然的命の営みに不可欠であり、天国でわたしたちが至福直感において受ける光を、すでにこの世において与えてくれているということです。信仰とは見えない現実を立証するのです。神により、また信仰の教えによって断言されているので、わたしたちは確信します。

―神の喜びに入る―

さらに信仰についてヘブライ人への手紙は記しています。「信仰がなければ、神に喜ばれることはできません。神に近づくものは、神が存在しておられること、また、神はご自分を求めるものたちに報いてくださる方であることを、信じていなければならないからです」（ヘブライ11・6）。この引用をよく理解する必要があるでしょう。信仰をもっている者だけが神を喜ばせることができるというのではありません。人間の善意、自然の美しさなども神を喜ばせます。天地の創造にあたって、神は、一日の各創造の終わりごとに、「これを良し」とされました。それぞれの創造は創造主の喜びであったのです。この喜びとは、神がご自分と似たもののうちに見出す喜びです。適切な表現ではないかもしれませんが、神的喜びといったらよいのでしょう。おん子のうちに見出す喜びです。彼の兄弟であるわたしたちのうちにも、神はご自分の似姿をごらんになり、喜ばれるのです。

わたしたちは、神にこのような喜びを与えるだけでなく、実際に、その神の喜びに入ることができるのです。しかし、三位一体の営みのリズムの中に入り、神の子としての相続人であるわたしたちの故郷に入るには、信仰以外の手段はありません。自然的知識だけでは不十分です。「幼子だった時、わたしは幼子のように話し、幼子のように思い、幼子のように考えていた。成人した今、幼子のことを棄てた。わたしたちは、今は、鏡におぼろに映ったものを見ている。だがその時には、顔と顔とを合わせて見ることになる。わたしは、今は一部しか知らなくとも、その時には、はっきり知られているようにはっきり知ることになる」（一コリ13・11～12）のです。しかし、すでにこの世において信仰によって神を直接知ることはできます。神のものとなり、その働きに参与するだけでなく、そうなることによって神を喜ばせています。神のうちに入る、神に触れるには信仰によるしかありません。これはとても大切なことです。神を喜ばせ、彼のうちに信仰によって入る、それにはまず「神が存在する」と信じなければなりません。（『暗夜』Ⅱ21章）

―信仰は唯一のふさわしい手段―

神が存在することを単に自然的知識によって知ることはできます。しかしそれは信仰ではありません。「世界が造られたときから、目に見えない神の性質、つまり神の永遠の力と神性は被造物に現れており、これを通して神を知ることができます」（ロマ1・20）。しかしそれだけでは、神のうちに入るには十分ではありません。神と親しく関わることはできないのです。ですからアビラの聖テレサがいう「神との友情の交わりである祈り」、神との親しさに生きたいならば対神徳である信仰によらなければなりません。

十字架の聖ヨハネは『カルメル山登攀』のなかで「信仰は神との愛の一致に霊魂を導き、神に到達させてくれる」と言っています。信仰はそのための唯一の手段だと強調します（Ⅱ8章）。ですから、どのような時にも常に信仰（信じるという行為）がとても大切です、神からの特別な啓示があるときでさえも。特別な啓示が奇跡的であり、内的または外的に素晴らしいとしても、神ご自身を与えてはくれません。それは単に啓示、神の業でしかありません。神に到達するため、神に触れるためには信仰の行為が必要です。聖書には、「はっきり言っておく。信じる者は永遠の命を得ている」（ヨハネ6・47）と記されています。

2　暗闇の中で

―信仰という暗夜―

信仰に関して、十字架の聖ヨハネは「信仰は暗夜である」と断言します。「信仰だけがわたしたちを神へと導く」と言い、続けてその信仰は「暗夜である」と述べています。

なぜ暗夜なのでしょう。それはわたしたちの自然的機能のためです。わたしたちが神へと向かうとき、知性はわたしたちの存在すべてを神へと誘導します。まずわたしたちの知性と意志を神へと向かわせます。その役割は、神によって照らされ、物事を明確にし、理解することです。すなわち物事を理解し、その深みを探り、概念化して、精神の働きを行います。知性ができるのはここまでです。ところが信仰はさらに進むのです。そうなると、知性はこのような通常の働きができず当惑してしまいます。そうです、知性は面食らってしまうのです。信仰によって神に触れ、神を知るとき、知性はこの働きに参与できないからです。それで信仰とは知性にとって夜なのです（『カルメル山登攀』２章）。

十字架の聖ヨハネは、夜とは光の欠如とその語源的意味で使っています。どうして光がないのでしょう。信仰は示現ではないからです。信仰はわたしたちの知性を示現と同じ高さにまでひきあげることはありません。ですから知性にとって信仰が把握する対象は、闇のうちにとどまります。すなわち夜なのです。少し粗暴な断言ですが、わたしたちの神理解は常にこの地上において闇であるということです。

—神のうちに入れば入るほど闇は深まる—

十九世紀には、啓示された真理を特に無神論者に対して証明しようと試みました。できるだけ明確に護教論を展開しました。あまりにも明白なので、ある護教論は「信仰をもたないものは愚かな者だけである」というところまで行きつきました。こうなると信仰とは全く正反対になってしまいます。信仰は闇であり常に暗闇である、神のうちに入れば入るほど闇は深まり、信仰も深まっていくのですから。

ここでひとつのエピソードをお話しましょう。それは第一次世界大戦中でした。フランスの南西地方でのことです。アカデミー・フランセーズ（注：17世紀にフランス語の保存と純化を目的に創立された機関）の会員が病気になり、呼ばれた司祭に言いました、「主任神父さん、わたしはあなたの言うとおりにいたしましょう。でも自分の人生でそんなに悪いことをしたとは思っていません。昔の友人は金儲けをしたがりましたが、わたしはそのようなことには手出しをしませんでした。いつも人々のことを心にかけ、悪事はいたしませんでした。もちろん文筆家としてわたしが書いたものでスキャンダルを起こしたことはありましたが。それに関してはすすんで償いをします、でも神父さん、あなたに言っておきますがね、わたしは信仰がないんですよ。」「え、信仰がない？」「そうなんです。カテキズムはよく知っていますよ。啓示された真理を知ってはいますが、わたしは全く理解していない」とこの学士院会員は言いました。この話を今ここでするのは、どんなに教養、学識のある人でも信仰が何であるかを知らないということを知っていただきたいからです。主任神父は答えました。「わからないとおっしゃるのですか。…わたしだってあなたと同じです。みんなに教えることすべてをわたしが理解しているわけではありません。でも、わたしはその真理を受け入れ、信じています。」信じるとは、暗闇の中に沈むことです。こうしてこの学士院会員は直ちに心を落ち着かせ、理解できない啓示された真理を受け入れ、病者の秘跡を受けたとのことです。

このエピソードは人々が一般的にもっている信仰についての理解がどの程度かをよく示しています。多くの人は信仰があっても、自分は信仰をもっていないと思ってしまいます。それは信仰を理解できないからです。信仰が夜であることを知らないのです。

―子供は神秘の感覚を持っている―

子供たちにカテキズムを教えるとき、わたしたちは絵とか素晴らしいお話をしてすべてを説明しようとします。もちろん子供たちは受け入れるでしょう。でも少し成長すると、「いろんな話を聞かされた、あのような絵や話は真実ではない」と言うようになります。子供たちにもカテキズムで教理を「すべて理解できない真理」として教える必要があるでしょう。「わたしたちにはすべては理解できない。教理をよく知っていても、神さまがどのような方かはわからない」のだと。子供には神秘の感覚があります。カテキズムのクラスではそのセンスを養うことが大切なのです。神秘に対する感覚、闇のうちに信じることを教えることはとても大切なことです。

どうしてわたしたちにはわからないのでしょう。神を狭いところに閉じ込めることができないと同じように、定義や本の中に入れてしまうことができないということを。神は無限なお方ですから、わたしたちにとって神は神秘、闇なのです。

十字架の聖ヨハネは、「神学者は、信仰とは〈暗黒にして不動の精神的素地〉であると言っている。それが暗黒の素地であるというのはあらゆる自然の光のかなたにあるものであり、どんな人間の理知もはてしなく越える神そのものによって啓示された真理を信じさせるものであるからである。ここで、信仰によって与えられる極度の光が、霊魂にとっては闇となる。大いなるものは小なるものを奪いとり、それを飲み込んでしまうもので、それはあたかも、太陽が輝きわれわれの弱い視力をつぶしてしまうと、他の光は太陽の輝きのため、もう光とは見えなくなるようなものである。それは太陽の光があまりにも強く、わたしたちの視力を超えてわたしたちの目を奪い、盲にしてしまうからである。このように、信仰の光は、あまりにも大きいため、理性の光を押え、打ち負かしてしまうのである。」(『カルメル山登攀』Ⅱ3章)。それですから信仰が深まれば深まるほどに暗闇となるのです。

―マリアの信仰は観想的信仰―

この地上で、誰が、一番神的神秘の感覚を持っていたのでしょうか。疑うことなくそれは聖母マリアでした。イエスの神性と人性にもっとも深く浸透していた方、聖母マリアよりも光を豊かに受けていた人がほかにいるでしょうか。主ご自身は受肉されたみことばとして、神秘の領域におられます。受肉されたみことばですから、キリストの心理は理解しにくい。完全な人間性をもっておられるだけでなく、神性が彼を浸透しているのですから、全くの神秘です。しかし、聖母において、わたしたちは神性ではなく、神に造られたものとしてみごとに成長した恵みを見出すのです。誰が一番闇に覆われていたかといえば、それは聖母マリアです。聖母ほど神の神秘の深みにおられた方はありません。

では、この地上で聖母を除いては、どのような人が神的闇の深みにいるのでしょうか。通常カルメル会とかカルトジオ会などの観想修道者たちだと思われます。

生涯を神を観想するために過ごしているので、神の神秘にもっとも照れされた人たちと思われています。彼らはたしかに照らされている人々ですが、一番神的闇に覆われているのです。大聖テレサが第七の住居で三位一体の知的示現と呼ぶものは光の示現ではありません。それは人間の知性にみあった光よりむしろ闇なのです。

したがって基本的真理は信仰が暗夜、暗闇であるということです。神の真実性に基づいたたしかな認識なのですが、暗闇なのです。

―内的生活の師―

十字架の聖ヨハネは、なぜ以上のことを好んで強調するのでしょうか。彼は神との一致を求める人々を困難において指導した経験ゆたかな霊的指導者だからです。また彼自身祈りの人であり、神と親しく生きた人です。無限なる者の探求者であり、内的生活・祈りの師です。それゆえ信仰は暗闇であるというこの基本的真理に常に立ち戻る必要を感じていたのです。

聖ヨハネはさまざまなイメージを使っています。わたしたちが神とかかわることができるようにさせてくれる信仰は「秘密の梯子」であって、この梯子によって神の深奥に浸透することができると言います。たしかに神のうちに入りますが、わたしたちには見えない「秘密の梯子」なのです。

また「純白の下着」ともいいます、「信仰は極めて白い、純白の下着であって、霊魂はこの信仰の着物を着なければ神に喜ばれることはない」（『暗夜』Ⅱ21章）。この白い下着は霊魂を見えなくする。誰にとって見えなくするのでしょうか。神ではなく悪魔に対して。悪魔は信仰がないので何も理解しません。それゆえ聖ペトロも悪魔から自分を守るのに、信仰以上に優れた守り手を見出すことがなかったので、「信仰にしっかり踏みとどまって、悪魔に抵抗しなさい」（一ペトロ5・9）と言ったのです。

十字架の聖ヨハネは解説して、「悪魔のわなにかからないように信仰の行為をしなさい。悪魔を夜のうちにとどめればあなたをとらえることはできない」と。わたしたちが純粋に自然的領域、概念の領域にとどまるなら、悪魔のほうがわたしたちよりずっと強くそして利口なのです。けれども、ひとたび信仰の行為をするなら、悪魔から逃れることができ、闇において悪魔はもはや何もわからない。この闇に対して悪魔は武装していないので、闇は彼を狼狽させ、彼にはもう何も見えなくなってしまいます。神が存在することは知っていても神の神秘を彼は把握することができないのです。それゆえ、十字架の聖ヨハネは「悪魔から逃れるには信仰の行為をし、神のうちに逃げ込みなさい。神のうちに逃げ込むことによって悪魔からのがれられるでしょう」と勧告します。

3　純金の実体

―隠されている光―

十字架の聖ヨハネは信仰をギデオンの「燃える松明」にたとえています。例えでしかないと言ってしまえばそれまでですが、この例えはわたしたちに信仰について光を与えてくれます。ギデオンの兵士たちは「燃える松明」を手にしていましたが、それを壷の中に入れていたので、外部からは見えませんでした。こうして燃え盛る松明を器の中に入れて、暗闇のうちにミディアン人の陣営に近づくことができたのです。彼らのところに到着し、その器をこわしたとき中の光が現れました。

わたしたちがこの世において神と一致し、神と直接の交わりを持つようになるためには、神がお住みになると約束されたソロモンの言う（列上8・12）闇に一致することが必要である。…信仰の暗黒のうちにあって、愛の一致と言う光を、しっかりと手の中に（すなわち、意志の働きのうちに）保つためには、ギデオンの器を暗黒のうちに保っていなくてはならない。そうすれば、信仰の光を妨げている唯一のもの、すなわち、この世の生命という器がこわされると、栄光のうちに直ちに顔と顔とをあわせて神を見奉ることになるのである。（『カルメル山登攀』129頁）

十字架の聖ヨハネは信仰という光を器の中の光に比較して、この光は器の中に隠されていると説明し、さらに続けます。表面をおおう暗さ（器）と内部の光があり、この光をわたしたちは信仰によって捕らえることができる。こうして信仰によってわたしたちは神の深奥に浸透することができるのだと。

十字架の聖ヨハネはこれと少し矛盾するような他の比較も使っています。啓示された真理の実体は金であり、外側は「銀《しろがね》の水面《みなも》」であると。外側とは何なのでしょうか。これは神的真理の類似的表現です。

主はわたしたちが理解することのできない神的真理を与えようとなさいました。それは捕らえることができないというのではなく、わたしたちの知性には理解できない真理なのです。それで主はどうされたのでしょうか。類似で神的真理を表現されたのです。

類似とは「まるで…であるかのように」、「…のような」という表現です。たとえばわたしたちが旅行から帰ってきて、行ってきた国について話そうとするとき、「まるで～のようだった」、とか「それに似ていた」などと類似、比較を使って話します。

主はよくたとえをもって話されました。「神の国はこのようなものである、そのようなものである」…、イエスはイメージや寓話を使うだけでなく、「～のような」という表現を使われました。そのような表現はわたしたちの想像にではなく知性に適しています。すなわちわたしたちが理解できる考え、概念です。教義でも同じように、「～のような」という表現を使うことができます。しかし、完全には無限である神を言い表し、神を完全には示すことはできません。なぜなら有限は無限を言い表せないからです。それで啓示されたすべての真理は、わたしたちが理解するためには類似という表現形式によってわたしたちの知性に提供されます。類似に基づく表現は正しいのでしょうか。そうです、正しいだけでなく、最良なのです。

―普遍的で光り輝く表現―

最近のある神学者たちは、「～のような」という表現を変えようとしています。異なる時代、異なる文化そして異なる哲学者たちにあわせようとするのです。けれども、教会がそれを禁じるのは、その表現は神から与えられたものであり、それ以上完全なものはないので変えてはならないからです。他の文化ではたしかに違った表現をします（註1：ここでマリー＝ユジェーヌ神父は中国、インドなど異なる文化をあげる。）神の神秘は人間の知性をはるかに越えています。教会は何世紀にもわたってこの神秘に近づこうとその本質に迫る表現を探してきました。彼らはわたしたちのようには考えません。確かに概念は地中海的メンタリティに適しているようですが、実際にはそうではありません。誰でも理解できるのです。地中海沿岸地方の人々でなければ啓示された表現のうちに類似、光をとらえることができないということではありません。啓示された表現はある文化、ある思考法、ある哲学者をはるかに越えている全く超越した普遍的真理なのです。

「～ような」はすばらしい表現です。「主は神であり人間である」とわかったように思います。どういう意味なのでしょう。「彼は神であり人間だ」ということです！　では、わたしは前よりもっとよく理解したとでもいうのでしょうか。「位格的一致」とは？　これが啓示された表現です。位格的一致とは何ですか。主がどこまで人間であるかということは、わたしたちにはわかりません。ただ彼は完全な人間であり、自然法に全く従っておられるのではないけれども、わたしたちと同じ人間である、そして神性をもっておられる。それ故に彼の心理を理解するのは難しいのです。彼は人間であり、神であるとわたしたちは言います、そして人性と神性は位格的一致で一致していると。

―神学者は「銀《しろがね》の水面《みなも》」を説明する―

霊魂は信仰が教える事柄や信仰箇条を〝銀の水面〟と呼ぶ。この句とそれに続く句とを理解するために、信仰箇条は銀、それらが含む真理の実体は金にたとえられていることに注意すべきである。事実わたしたちが信仰の銀のおおいのもとに信じているこれらの真理の実体は、来世においてわたしたちに、あらわに示されるであろう。その時、わたしたちは信仰のおおいから解き放たれた純金のように、それらを完全に楽しむであろう。（『霊の賛歌』131頁）

十字架の聖ヨハネが信仰箇条を「銀の水面」と呼ぶのは、わたしたちの知性にとって輝いているからです。知性はその「銀の水面」にとどまり、分析をはじめます。神学者はこの銀色の水面を越える神的真理の人間的表現に働きかけ、「神学」するのです。こうして二十世紀もの間（そしてまだ終わっていません！）啓示された神的真理をできる限り人間的知識、知性の知識に適応するために働き続けています。神学者たちは当然この理性的仕事をし続けますが、それはあくまで銀の水面の仕事なのです。

では、真理そのものはどこにあるのでしょうか。真理は銀の水面ではありません、それは（銀の水面）不完全であり、類似でしかないのです。真理は果実のたねのように内部にあります。十字架の聖ヨハネは、類似で銀の水面と呼ぶ表皮と内部の金、神ご自身・真理とを区別します。「真理の実体は金」だと聖ヨハネはいうのです。この区別はとても大切で、信仰と観想の進歩に関して教えてくれるので、後にまた説明したいと思います。

—信仰は神ご自身に至る—

それでは、信仰は何に触れるのでしょうか。わたしが信仰の行為をすると、知性は「銀の水面」に触れ、外観をとらえ、理解します。というのは、知性は完全にではありませんが銀の水面に働きかけるのです。それで、神学者は類似表現をもって啓示された真理を説明します。けれどもわたしの信仰、すなわち対神徳の信仰は、銀の水面に、教義的表現に止まってしまわないで、神の本質、神ご自身、金に到達するのです。

内部は暗闇、夜です。神秘とは何でしょうか。それは神ご自身です。神秘は類似表現にあるのではなく、信仰の対象（信じるものの直接対象）のうちにあります。このことを明確にしておかなければなりません。霊的に見て、これは重要なポイントです。信仰の行為において、この二つの現実を区別することは大切です。適応された表現を知性は使いますが、信仰はこの類似表現のうちに神ご自身に到達するのです。

4　全存在をもって従う

―信仰はわたしたちを神と一致させる―

信仰が終わりを告げ、神のあからさまの直感に場所を譲るとき、信仰の実体は、その銀のヴェールから解き放たれ、純金のように輝かしく現れるであろう。それで信仰は、わたしたちに神自身を与え、神と交わらせる。ただし、それは銀のヴェールにおおわれた神である。とはいえ、真実に神を与えることにおいて変わりはない。それは、ちょうど、銀メッキした黄金の器を与える場合、いくらメッキしてあるとはいえ、黄金の器を与えるのに違いはないのと同じである。（『霊の賛歌』132頁）

このように、神との一致を実現するのは知性ではなく、正確には啓示された表現を信じることによってなのです。神をとらえる信仰の行為によって、神との一致は実現するということです。

神学者は啓示の表面を説明しているのであって、神学と信仰を混同してはなりません。神学者に信仰がないということもありうるのです！　信じないで知性の「遊び」をすることもできます。一方、神に到達する人とは、もっとも深い信仰をもっている人なのです。

神は、すべての知性をこえた神的光の中に、信仰という唯一の媒介によって、わたしたちに自らをお示しになるのである。したがって、信仰が深ければ深いほど神との一致も大であるということになる。（『カルメル山登攀』127頁）

「信仰が深ければ深いほど」と言っているのであって、「りっぱな神学者であること」、「多くのことを知っていること」ではありません。素晴らしい神学者で、深い知識をもっていても、あまり信じていないと認めざるを得ないときがあります。それは彼らが銀の表面にとどまっているからです。

十字架の聖ヨハネはホセアを引用しています、「信仰のうちに神は魂を娶る」（2・20）、新共同訳「わたしはあなたと真の契りを結ぶ」。神との一致において、信仰と金はふれ合うのです。それゆえ、教義表現には二つの要素があります、知性にとっての類似的光とわたしたちの信仰と魂にとっての純金です。

―信仰によって真に神を所有する―

このことは福音において、「御子を信じる人は永遠の命を得ているが、御子に従わない者は、命にあずかることがないばかりか、神の怒りがその上にとどまる。」（ヨハネ3・36）とあります。永遠の命を保証するのは啓示を理解することではありません、公会議の偉大な神学者になることではありません、「銀色の表面」、啓示された真理の人間的理解に磨きをかける専門家になることではありません。信仰によって神に一致することなのです。「信仰は永遠の命を確保する」からです。

「永遠の命とは、唯一のまことの神であられるあなたと、あなたのお遣わしになったイエス・キリストを知ることです」(ヨハネ17・3)。十字架の聖ヨハネが、信仰は永遠の命を保証し、地上にいても永遠の命がすでにはじまっていることだと言うとき、それは銀色の水面ではなく内部の純金のことです。

そこにおいてわたしたちは神を見出し、神と一つになり、一致するのです。十字架の聖ヨハネは「信仰によって真に神を所有する」と言います。もちろんこの信仰に愛がともなっていなくてはなりません。不完全な信仰は別として、真の信仰は愛と切り離すことはできないからです。

人間が信仰によって神と一致する時、どんなことが起こるのでしょうか。ヨハネが言うように、「わたしを信じる者は、その人の内から生きた水が川となって流れ出るようになる」(ヨハネ7・38)のです。このような内から流れ出る生きた水は、神学の知識や教義的表現からは出てきません。生きた水が流れ出るのは神との一致からなのです。このようにしてわたしたちは一つの結論にいたります、信仰とは神との関わりに入り、生きることなのです。

わたしたちが理解するのは信仰とは命であるということです。信仰は意志の働きによる知性の行為だけではありません。命なのです。神との関わりを生き、神の命と一つになるということです。ここにおいてわたしたちはヨハネ的信仰（ヨハネが信仰と呼ぶ）を見出します。わたしたちは信仰をあまりにも細かく分析しすぎ、またそれを繰り返してきて知的行為としてしまいました…それが信仰なのでしょうか。たしかに信仰は知性を超えています。知的外観、銀色の表面はその奥へ入り込む控えの間でしかないのです。

わたしたちは実践の面で、そして司牧の観点からも、信仰のこの生き生きとした側面を強調しなければならないのです。福音書で「信じるものは救われる」（マルコ16・16、ヨハネ3・17、使徒16・31）というのは、主の祈りを唱えたからではありません。信仰とは信じる対象に自分を賭けることでもあるのです。神に触れる、浸透する、交わるとは単に知的に同意することだけではなく、わたしたちの存在すべてを賭ける、わたしたちの命のすべてをもって神の命と交わることです。信仰とはそのような誓い、約束なのです。

これは福音的感覚です。おそらくわたしたちは福音書で神学をするべきでしょう。知的な人々を悪く言っているのではありません、わたしたちはみんな多少知的なところがあります。ここで問題にしたいのは、すべての人々（子供たちやまた、何歳であろうとも）に的確な概念、生き生きとした概念を提供するべきだということです。福音書の言葉に常に戻る必要があります。「わたしを信じる人は救われる」「永遠の命とは信じることである！」　信仰は関わりを生きることです。

以上述べてきたことは、神の神秘から立ち上るかすかな光のようですが、とても豊かですからよく覚えておきましょう。これらの微光はそのうちに光の束を内包しているとでも言いましょうか。同時に信仰の神秘のうちにわたしたちが向かうべき方向を指示してくれるでしょう。どのように知性、意志、わたしたちの全存在をもって信じたらよいのかを示してくれるでしょう。このような基礎知識をわたしたちが知っておくことは、霊的生活、内的生活、祈りの生活において実践的にとても重要な標識と思われます。

純粋な希望

1　無からすべてへ

―神のみ―

対神徳の一つである希望は、神へ向かう能力として、洗礼の時にわたしたちに与えられました。神はよい方であり、約束を守られる忠実な方なので、わたしたちは神に希望します。この対神徳について十字架の聖ヨハネは、「希望するだけ与えられる」（『暗夜』Ⅱ21・8）と言っています。ですからわたしたちが神を希望するなら、神を所有するのです。

希望が霊魂の中で果たす務めは、霊魂の目を、ただ神を見るためにのみ上のほうに向けることである。ダビデも「わたしの目は常に主に向けられている」(詩25・15)と言って、彼の中で希望が行った事を述べている。ただ、「女奴隷の目が女主人の手に向けられているように、わたしたちの目は、わたしたちの神に注がれている。主がわたしたちを憐れまれるまで、主に期待しつつ」(詩123・2)である。(『暗夜』Ⅱ21・7)

霊魂が、神を常に見つめていて、他の何者にも目を移さず、神のみにとらえられているので、霊魂の愛する方は非常に満足される。それゆえ、霊魂は愛する方から希望するだけのものをすべて、勝ち得ることができるというのは本当である。(『暗夜』Ⅱ21・8)

霊魂は、この希望によって暗夜を通って旅してゆく。あらゆる所有と支えから、完全に空になって進んでゆくので、霊魂は、目を他のものに向けるこ

とも、注意を神でないものに向けることもしない。（『暗夜』Ⅱ21・9）

希望の効力はその純粋性にあります。神を所有するにはそれなりの希望の仕方があるのです。「神」と同時に「あれも、これも」と望むのではだめで、意向を純粋（神のために、神を望むがゆえに、神に希望する）にしなければなりません。希望が完全であるには、神が神であるがゆえに、神のみを希望する必要がありま す。すなわち二次的（付随的）動機から解放されてゆかなければなりません。こうして、神のみを望み、神のみを目指す希望は神を完全に所有するようになります。

それにはすべてのことがらに心囚われることなく、すべてから解放される必要があります。そこに到達するには完全な略奪による以外ありません。十字架の聖ヨハネによる修業はこの離脱にあるのです。無はすべてにわたしたちを導く道です。「まだ達していないものに至りつくためには、途中、何ものにも足をとめてはならない」（『カルメル山登攀』Ⅰ部13章）。

十字架の聖ヨハネ自身が描いた神との一致に至る道の図があります。この世の物事に心の基を置いているため迷い出てしまう道、道中の喜び、楽しみに心とらわれる不完全な道、そして真ん中のまっすぐな道があります。このまっすぐな道には、無、無、無、無、無、無と五回、無が繰り返されています。すべての愛着を断つという十字架の聖ヨハネの厳しさがここに現れています。『カルメル山登攀』11章で、聖ヨハネは小さな意図的不完全さ（たいしたことではなくても意志の同意による不完全な行為）は、罪よりわたしたちに害をおよぼすと言っています。罪は恵みを失わせますが、一方何かに対する愛着は、愛着している者（物）から離脱しないかぎり、神を完全に望んでいないので、神を完全に所有できないからです。

愛と意志とによって神と完全に一致するに至るためには、いかに小さいものであるとしても、意志から生ずる欲のすべてをなくさなくてはならないことは明らかとなる。すなわち知りながら、気付いていながら不完全な事を、進んで承諾しないだけの力と自由とを保っているようにということである。
（『カルメル山登攀』Ⅰ部11章）

十字架の聖ヨハネを愛読していた幼きイエスの聖テレーズは、わたしたちに「小さき道」を教えてくれます。この小さき道とは信頼と委託の道です。信頼とは何なのでしょうか。愛に浸った希望のことです。希望は前進の徳、神へ向かう徳です。霊的生活の小道といえます。信頼は神に到る一つの道で、誰もが共有できる道です。しかし、命へ至るためにはわたしたちの希望を清めなくてはなりません。

―貧しさと希望―

あるとき、姉のみ心のマリーはテレーズに、「神さまを喜ばせるのはあなたの熱心さだ」と言いました。テレーズはそれに対して、「いいえ、そうではありません。わたしが主の慈しみに置いている信頼です。神が喜ばれるのはわたしの貧しさと弱さです。」と答えています（一九八六年九月一七日）。貧しさと信頼、この二つの姿勢は共に必要なのです。

ここにおいて、幼き聖テレーズ、十字架の聖ヨハネ、アビラの聖テレサの教えは、異なる表現ですがまったく同じ教えであることがわかります。希望と貧しさに関して『わたしは神をみたい』（『JVVD』）の「暗夜における振る舞い」と題する章において、貧しさ・希望・霊的幼子の道を説明しています。確かに聖テレーズの幼子の道の基は、十字架の聖ヨハネの無の道と重なるのです。幼きイエスの聖テレーズの修業は離脱でした。彼女は貧しさの体験のうちに神の愛への信頼を深め、霊的に成長してゆきました。十字架の聖ヨハネにおいて、すべてが離脱にあるのは、すべてを越えて神にのみ希望するようになるからです。

では、どのようにしてこの希望を深めて浄化してゆくことができるのでしょうか。十字架の聖ヨハネは神へと向かうのに妨げとなる愛着に関して細かく説明しています。しかし、それは彼の時代には適していても、現代にはそのすべてが適しているとは限りません。普通、霊的師がそうするように、聖ヨハネも原則を掲げました。ですから、わたしたちは彼の教えの基本をしっかり理解して、現代に適応してゆく必要があるでしょう。

2　神のみをよりどころとして

では、知的、道徳的、霊的なことがらを、どのようにして聖化の手段とするのでしょうか。

―知的ことがら―

知性は物事を深く理解するようにさせます。霊的生活のはじめにおいて知的なことがらは役に立ちますが、しばらくすると障害となってきます（『カルメル山登攀』II部11章）。というのは、知性はますます知りたいと思うようになり、さらにはっきりとした光を求め、光に対して貪欲になってくるからです。そうなると、信仰の闇に包まれた明かりを過小評価するようになります。理解することに慣れていない人は、信仰によっておぼろげな光を容易に受け入れるでしょう。しかし、はっきりとした光に飢えている人は、おそらく、もっと時間をかけて目的地に着くことになるでしょう。知的ことがらに対してある種の愛着を持っているので、進歩する妨げになるのです（『愛の生ける炎』第三の歌）。

―倫理的な宝―

倫理的な宝とはなんでしょうか。十字架の聖ヨハネは「倫理徳とは、徳の習性、慈悲の行い、神の掟の遵守、礼儀その他よい性質や傾きをもってするすべての行ない」のことだと説明しています（『カルメル山登攀』Ⅲ部27章）。これらの徳も妨げとなるのです。

霊的生活においてどのようなことがおこるのでしょうか。わたしたちは大変寛大に生きようとします。神の恵みはわたしたちを助けてくれますが、とかく自分が行動したという印象を受けています。徳を獲得し、欠点を正し、ある状況においてどのように対処すべきかも自分は心得ており、実行できる、と考えます。かって陥っていたあやまち、罪とは反対の徳を実践できるようになりました。神に信頼しているのは確かですが、これでは、「わたしの徳」として自信を持ってしまいます。

このような状況にある人は、福音書の「わたしにつながっていなければ、実を結ぶことができない。」(ヨハネ15・4)または聖パウロの「あなた方のうちに働いて、み心のままに望ませ、行わせておられるのは神である」(フィリ2・13)を読むとよいでしょう。そして良心の糾明をするなら、自分が聖書の言葉に反していることがわかるでしょう。そして、自分があれこれの徳を所有していると思いこんでいることに気づくのです。確かに努力はしました、でもこの努力は神の恵みを隠してしまい、「自分が」したと思いこんでしまいます。すると沈黙の祈りにおいて、神はそれがどのぐらい傲慢であるか教えてくださいます。そうです、これが祈りにおける光なのです。

このようにして、祈りのうちに神からの光を受け入れはしましたが、実生活において「自分がしたのだ」と思い続けてしまいます。では、このような人を神はなお続けて慈しまれるのでしょうか、どうされるのでしょうか。神はその人をなお助けようとなさいます。どのようにしてでしょう。神はその人を一人きりにしておくのです。すると自分では何もできないことを痛いほど知らされます。

このような状態に自分がいたなら、どうするでしょうか。隣人のせいにしますか。それとも自分の悪意のせいにして、もうだめだと自分の殻に閉じこもってしまいますか。神はわたしをそのような状態に放って置かれるのでしょうか。いいえ、祈りにおいて神の光はわたしのうちに浸透します、自分自身では何もできないと悟り、前のように何かできるのは神さまが自分を助けてくださるからだとわかるようになります。神は真理の光の下に、欠点や失敗をわたしに見せてくださるのです。こうして自分では何もできないという確信に至ります。神はまた、わたしの「自分の徳」による協力が、ご自身のみ業にくらべたら、何物でも無いことをも示してくださいます。働かれるのは神で、わたしは単なる協力者なのです（一コリ3・9、二コリ6・1）。協力するとは、時には嫌なことを無理にでもしなければならないことでもあるでしょう。精力的に努力し、そして堅忍しなければなりませんが、効果的な神の働きに比べるなら、わたしのすることはほとんど何でもないのです。

この確信を、わたしたちはどうしても身につけなければなりません。「わたしなしにはあなたたちは何もできない」、「わたしたちのうちに望み、行うのは神である」。アビラの聖ヨゼフ修道院の創立にあたって、神がすべてをなさったのであり、自分がしたことはつつましい協力でしかなかったと聖テレサは確信していました。けれども、それは消極的（ある種の静寂主義）協力だと思ってはいけません。神の働きに任せるには「神さま、わたしのうちで働いてください」と祈り、自分のするべき事をしてゆくことです。すると神は聖霊の賜物によってわたしたちのうちで働かれ、以前よりすべてはうまくゆくことでしょう。

そうです、わたしたちは自分の貧しさ、惨めさを自覚するとき、その自覚の根底には神の働きがあることを思い起こす必要があります。すべてを超越される神からの十分に強い光によって、自分が獲得した徳だとは思えなくなるまでに…。こうして自分の貧しさを自覚するようになります。神にのみ希望をおき、神への深い信頼があるなら、その人は多くのことを成し遂げることでしょう。

―霊的ことがら―

霊的生活において霊的ことがらは大きな危険をはらんでいます。なかでも召命、所有している霊的富、神が与えてくださった恵み、そして今も与えてくださる恵み、際立った神の働き、もしかすると特別な恵み…など（『カルメル山登攀』Ⅲ29章）。このような神の働きは、その人の精神的、霊的生活において、ある種の安定をもたらし、その人を浄化し、強め、また落ち着いた人とします。また、その人の方でも、それらの霊的宝を真理のうちに謙虚に受けています。

しかし、徐々に謙虚さは消え、いつしか自分が所有していると思うようになってしまいます。「自分のもの」としてしまうのです。もはや神へと向かうことはなくなり、神からの無償の賜物を犯すこと、つまり、罪におちいります。その結果は悲惨なことになり得るのです。ある人たちは信心を忘れ、今一度戻ることは難しくなります。教会におけるあやまち、異端などはこのようにして起こったものです。わたしたちの人生においても、このような危険を冒すことはあり得ます。神ご自身がわたしたちを清められるのです。

もはや何の味わいもなくなったとき、わたしたちはもうだめだと思ってしまいます。ところが、そのときこそ、なぐさめがあったときよりも、霊的にはもっと成長しているのです。神はわたしたちを霊の純粋さに至らせたいのです。ただ、神はどこまでも繊細な方ですから、もしわたしが強情を張るなら、そのままにして強制はされません。でも、それは何と不幸せなことでしょう！　霊的浄化を耐え抜く人はとてもまれです。他の浄化の必要性をわたしたちはよく理解しますが、霊的なものからの離脱はわたしたちにとても難しいのです。というのはこれらの賜物を神ご自身と思い込んでしまうからです。

聖人方がどのようにするか見てみましょう。幼きイエスの聖テレーズは「愛の痛手」の恵みを受けましたが、それについて何も自叙伝の中で述べていません。わたしたちでしたら自叙伝の一章分ぐらい書いたかもしれません！

―聖化の手段―

聖なる者となるにはどうしたらよいのでしょうか。秘跡、本、そして霊的な人…などの助けが、神に至るために必要です。しかしそこには危険が潜んでいます。このような手段に愛着し、それがなくてはならなくなってしまうことがあります。わたしの好みのあれこれの助けがなければ、神へと向かえなくなるのです。神に希望をおきますが、神がわたしの好みに、望みに合わせてくださいますようにと、要するに手段でしかないことがらに愛着してしまうのです。（『カルメル山登攀』Ⅲ部34章）

神はこのような愛着からわたしを救いたいのですが、わたしたちの方ではそれを取りもどしたくて、「神さま、あなたのためにこそ必要なこれらのことを、どうしてわたしから取り上げられるのですか」と訴えます。神はわたしたちの望みを尊重され、「それがほしいのですか、それでは…」と返してくださるでしょう。

こうして手段でしかないことに取りつかれたままになり、わたしたちは神に向かって前進できません。なんと残念なことでしょう。

聖人とするために、神はわたしたちを「無」の道を通らせなければならないのです。テレーズはここでもすばらしいことを言っています。テレーズは聖体拝領をとても望んでいました。秘跡の中の秘跡です。でも、生涯の終わりに一ヶ月以上ご聖体を拝領することができなかったとき、「すべては恵みです」との言葉を残しています。神からの恵みを絶たれても、神のみを熱望していたからです。

では、神を所有するために、わたしたちはどうしなければならないのでしょう。五回の無の道です。完全な貧しさ、味わうことも、光も、手段もなしに、ヨブと同じように神のみに寄り頼みます。しかも自分でするのではなく、神にしていただかなければなりません。それには神がわたしたちに提供される手段を謙虚に使うことです。もし、神がそれを取り上げられるなら、そうなさるままにしておきましょう。不条理であるかもしれない日々の出来事によって奪われてゆく、これが貧しくなってゆく課程です。でも、それが一体なんでしょう！　すべてを奪われ、すべてから解放されるためなのですから。このようにして完全に貧しくなり、愛によって愛に変えられ、変容の一致に至るのです。すべてのものから離脱し、貧しくなり、無になりきったとき、すべてである神は、無を満たされます。

ですから貧しさをよろこび、さらに貧しくなってゆくことを歓迎しなければなりません。「わたしは何も持っていません。ただ〈空の手〉を差し出すだけです。ですから神さまに歓迎されることでしょう」（幼きイエスの聖テレーズ）。もっとも小さいもの、もっとも貧しいもの、自分を低くするものが神の国で偉大なものなのです。（マタイ18・4）

わたしたちが貧しくなってゆくとき、たびたび神はわたしたちを豊かにしてくださいます。しかし、もし神がそのようになさらないのでしたら、残念ですが仕方ありません…。でも神に感謝しましょう。そして歩き続けましょう。もし貧しくなることを拒むのでしたら、わたしたちは神へと向かうのを断念したことになります。貧しくないから、わたしたちは聖人ではないのです。上ることでなく下りることが大切なのです。これは単なる表現ではありません、常に真理なのです。

十字架の聖ヨハネと幼きイエスの聖テレーズに願いましょう。彼らがこの真理をわたしたちに示し、日々の生活において実践できるよう助けてくださるように。

わたしたち一人ひとりのために用意された神の栄光の度合いに応じて、神との一致にいたることができますように。

第三部　愛に変えられるまでの長い道のり

はじめの浄化

十字架の聖ヨハネはその著作、『カルメル山登攀』と『暗夜』において、浄化について述べています。わたしたちのうちには、さまざまな生命力があります。これらの生命力がわたしたちのうちで調和されてゆく過程において、本人の努力と神の働きを受けることによって生じる抑制が必要とされます。こうして全存在をもって神へと向かうように浄化されてゆくのです。

このことを理解するには、つねに原則に戻らなければなりません。そのようにしてのみ、すべてを説明することができるでしょう。ここで特別に心理学を学ぼうとしているのでもまた細部に立ち入ろうとするのでもありません。浄化についての教えを全体的にとらえたいだけです。十字架の聖ヨハネがわたしたちにとって師であるのは、神との一致に至るために要求されるすべてを、神からの光と自分の魂からの光によって、常にわたしたちを原則へ立ち戻らせてくれるからです。

1　聖なる者となるように呼ばれている罪人

十字架の聖ヨハネはわたしたちが聖なる者となるよう導いてくれます。聖なる者となるとは特別に奇跡を行うことではなく、「子」としての神との関わり、絆を実現することです。

―神を目指す―

わたしたちのうちにはさまざまな生命力のエネルギーがあります。肉体的生命、感覚的生命は、完全に開花して、実りをもたらそうとする欲求によって調整されています。これは神によって造られた法則で、そのこと自体よいことなのです（創世記)。

これら愛の法則に支配される肉体的、感覚的生命のほかに、わたしたちは神の似姿に造られた魂があります。この魂も同じ愛の法則によって支配されています。すなわち、知的なものへの愛の法則、知性・意志など人間のさまざまな働きに影響を及ぼす法則、人間としての完全な発達としての実りをもたらす法則、要するに、知的な光や富、道徳的な富などを得させるものです。

このような働きをもつ生命力エネルギーのほかに、超自然の命をわたしたちはもっています。それは洗礼のとき与えられた神の子の命、神の命への参与です。この神の命、洗礼のときに与えられた恵みこそがわたしたちの召命であり、すべての人の召命なのです。完全な神の子となるという召命は、すでにこの世からはじまっています。わたしたちは、この「神の子」としての恵みを成長させて、三位一体のうちに自らを位置づけるように呼ばれています。わたしたちには、三位一体という「ただ一つの目的地」しかありません。わたしたちは神の子として成長してゆくように呼ばれていますから、ただ単に、完全な人、知的な人になるだけでは十分ではないのです。このことはすべてのキリスト者の召命であり、その目的地は三位一体なのです。他にはありません。わたしたちは神を目指しているのであって、それよりも下のものを目指すことは到達点を誤ることです。登山と同じで、頂上に着くまでにはいくつかの段階を経ることになりますが、最終目的地はすべてのキリスト者にとって同じです。

—成聖の恵みはすべてに優る—

成聖の恵み、神の子としての恵みを成長させるにはどうしたらよいのでしょう。通常その恵みを養うことからはじまります。この成聖の恵みである超自然的命が、より下位にある知的、感覚的命にまさるようにする必要があります。ここに浄化の問題が関わってきます。しかし、超自然的命が、これら下位の命を抹殺しなければならないなどと言うのではありません。また、わたしたちに実りをもたらせないようにするとか、人間的に優位に立つことがないということでもありません。そうではなく、超自然の命が支配的になることです。

パウロは書簡の中でこのことについて書いています（エフェ4・22～24、コロ3・3～9）。「古い人を脱ぎ捨てなければならない。」　それはどういう意味でしょうか。キリストを着る内的な人に変えられなければならないというのです（二コリ4・16、5・17、ロマ6・4～6）。霊的な人とは、わたしたちをキリストの兄弟とする「神の子」としての恵みが開花した人のことです（ロマ8・29）。使徒パウロのこの言葉を狭義に、そして絶対的意味にとらないようにしましょう。古い人を脱ぎ捨てるとは、他の命を抹殺することではありません。そうではなく、キリストの命を着るとは、キリストの命が他の命（肉体的、知的命）に浸透し、霊的命がわたしたちのうちに完全に浸透することなのです。

―罪による乱れ―

どのようにしてこの調和をもたらすことができるのでしょう。どのようにしてキリストを着たらよいのでしょう。それには当然戦いがともないます。わたしたちのうちの原罪は個人的な罪ではありませんが、人間性に刻み込まれた乱れであることを認めねばなりません。その結果、下位の命は、神へ向かおうとするわたしたちを、その道かそらせてしまうのです。ここに戦いが必要となります。

わたしたちには情欲があります。開花し、実りをもたらすための感覚と肉体的なエネルギーは、情欲によってわたしたちのうちで乱れた欲求となるのです。これらの欲求は、すべてを独り占めにし、その人を、その行動まで、すべてを支配しようとします。ですから、これらのエネルギーは抑制される必要があるのです。同じように、知性や意志を発達させる知的命も乱れています。時代によって、優勢になるものが違いますが、聖パウロは、特にコリント滞在中、ギリシャの廃退的文化に直面しました。神を捜し求め、ソクラテスやプラトンのような偉大な哲学者を生んだデカダンスの文化。しかし、真の神を求めなかったゆえに、神より見放され、感覚的世界に放置されました（一コリ1・19〜21）。

それはある意味で通常の成り行きです。聖パウロはコリントで廃退した文化を見ました。ローマの文化についても同じことが言えます。神を認めず、感覚の乱れに任せ、神から見放されました。（ロマ1・18〜32）

この罪、言いかえれば、精神と肉体の下位の乱れを、聖パウロは書簡のなかで、肉と呼んでいます。（ロマ7・14～8・13）肉という表現は、聖パウロにおいて、すべての下位のエネルギーを意味しています。人は、霊と感覚とを同時に有しています。肉という時、感覚的欲望が支配的であることを意味するのです。一方、「子」として神からいただいた恵み、聖性の恵みが支配的であるとき、その人は内なる人、霊に従って歩む人なのです。（ロマ7・22、8・5～16）

「内なる人」としては神の律法を喜んでいますが、わたしの五体にはもう一つの法則があって心の法則と戦い、わたしを、五体のうちにある罪の法則の虜にしているのがわかります。（ロマ7・22）

―すべてのエネルギーを制御する―

聖パウロは、ギリシャ・ローマ文化の廃退した状況のうちに生きている人々のために、刷新と変革を呼びかけています。

以前のような生きた方をして情欲に迷わされ、滅びに向かっている古い人を脱ぎ捨てて、心の底から新たにされて、神にかたどって造られた新しい人を身につけ、真理に基づいた正しい清い生活を送るようにしなければなりません。（エフェ4・23、24）

どのようにして精神の安定と調和をとりもどせるのでしょう。それにはまず、恵みを成長させると同時に、抑制することです。すべての下位の欲求、感覚的命、精神の命などのあらゆる下位の命の衝動を抑制することが必要になります。ここで抑制という言葉を使うのは、この言葉がすでに定着した表現となっているからです。

この抑制の結果、感覚的命は他の命に従い、わたしたちのすべての動きを支配してしまうことなく、そのいるべき場所にとどまることになります。堕落した人の生き方は常に感覚的・官能的快楽しか求めません。「楽しみましょう、感覚的・官能的欲求を満たしましょう。望むものすべてを確保しましょう。そこにこそ幸せがあるのです。」とんでもないことです、それは退廃でしかありません。

聖パウロは書いています（ガラ3・1〜3、5・16〜26）、「わたしが言いたいのは、こういうことです。霊の導きに従って歩みなさい。そうすれば、決して肉の欲望を満足させるようなことはありません。肉の望むところは、霊に反し、霊の望むところは、肉に反するからです…。」

キリスト・イエスのものとなった人たちは肉を欲情や欲望もろとも十字架につけてしまったのです。（ガラ5・24）

では、浄化とはどういう意味なのでしょう。壊すことではなく、感覚や知的命などの下位のエネルギーを征することです。浄化をここに位置づけねばなりません。人間の上位の命、霊的命、恵みの命が勝利するためには、この下位のエネルギーを征し、調和をもたらす以外ないのです。

2　はじめの段階

十字架の聖ヨハネは、感覚と知的命の浄化の必要を認める心理学者です。彼が夜と呼ぶ抑制への努力によって、人が神との本来的な父と子の関係に、どのようにして到達できるかをわたしたちに示してくれます。

この抑制の努力には、能動的抑制と受動的抑制という異なる方向性があり、また感覚と精神の抑制という二段階があります。

―わたしたちの積極的役割―

第一の能動的抑制。心理学者でありかつ霊的な人である十字架の聖ヨハネは、まず、能動的抑制から説明し始めます。神はまず、わたしたちが努力して、さまざまな欲求にしたがって伸び放題にしてしまった枝葉を自分で剪定し、すべての本能的欲求を静止させて神へ向かって歩みはじめることを、わたしたちに求めます。理性に逆らうすべての動きを治め、柔軟さをもって恵みの命が優勢になるようにしなければなりません。これが能動的抑制です。

ほとんどの霊的書物では、この修業は、徳の修業と呼ばれています。十字架の聖ヨハネは、それよりさらに広範囲にこの問題を取り扱っています。すでに終着点を見ているのです。

徳を積む、スキャンダルにならない生活をするとか、秩序だった生活をするとかいうことではありません。生活において霊的なことが支配的であること、キリストが実現され、恵みによって、わたしたちが聖霊に導かれることが大切なのです。この能動的抑制が、通常第一段階です。

ではどのようにして、この段階を通過できるのでしょうか。わたしたちが主導権をもって、自分の理性と知性をもって当たらなければなりません。知性はどこにその理想を見出すのでしょう。キリスト、掟、十戒など、それぞれの生きている場の掟、法などが、知性をこの理想へと導きます。理想は常にキリストご自身です。キリスト以外にありません。

聖性はすべての人にとって同じです。キリスト的聖性、キリストに倣う、聖霊がその人のうちで統治する。けれども、神の国において、キリストへの同化、一致には多様性があります。わたしたちは人それぞれの恵みに呼ばれています。

身体的レベルでいうなら、ある人は身長1メートル60センチに達して、「よく成長している」といえるでしょう。同じことが霊的にも言えます。ほぼ無限ともいえるほどに聖なる方聖母マリアから、他方洗礼を受けて神の子としての恵みを受けてまもなく死亡してしまう幼児の聖性に至るまでさまざまな段階がありま す。このように神が一人ひとりに期待されることは異なるのです。

―聖性は一人ひとり異なる―

それぞれが異なるありようをもっていても、聖性は、その異なるありようを通して実現していく道です。キリストの神秘体では各人がその場をもっています。

聖パウロは、体は一つの部分ではなく多くの部分からなっている」(一コリ12・14～21)といっています。聖性を具体化するには、わたしたち一人ひとりに違ったやり方があります。神の国には画一化はありません。神は歩くロボットをお造りになりませんでした。ある人を造ったなら、その後、一つとして同じ人をお造りになりませんでした。ロボット人類を造ることもできたかもしれませんが、そうはなさいませんでした。

わたしたちはみんな異なり、神はわたしたち一人ひとりにそれぞれの計画をもっておられます。わたしたちを聖化するこの神のご計画が特別な恵みの色合いとなります。アッシジのフランシスコのような人、サレジオのフランシスコのような人を並べてごらんなさい。その違いがわかるでしょう。二人はとても愛徳があり、協調性を持って交わるでしょう。でも二人が苦労しないということはないのです。

これらの異なる聖性・召命は聖性の色合いのちがいだけでなく使命を異にします。この多様性は奥の深いものです。結婚によって聖化される人、修道生活によって、またある人は隠遁者となって、すべては神のご計画のうちにあります。神の国の美しさ、キリストの神秘体の美しさはこのような多様性のうちにあります。わたしたちはみんな同じように聖なる者となるという恵みの開花を実現することになるのですが、一人ひとり異なる道によって一人ひとり異なる仕方で山頂に到達するのです。能動的抑制の時期にわたしたちは実現すべき理想、キリストを見つめます。

それぞれの召命にとって、課せられるキリストの掟は、結婚生活であるか、修道生活であるかによって違ってきます。それに従って、意志や知性を用いて浄化の努力をする、これが能動的暗夜です。

同時に、わたしの恵みを増やすための積極的努力を忘れてはなりません。力づくで抑制をするだけが重要なのではありません。樹を伸ばさなければならないのです。すなわち、恵みを成長させる必要があります。秘跡を受け、また神との交わりである祈りによって、積極的にこの否定的努力（浄化）をしなければなりません。このようにして、能動的時期を過ごします。

3　神秘生活のはじまり

―わたしの恵み―

十字架の聖ヨハネは神との一致を目指す者に、自分の全存在をもって神へ向かう道を示します。わたしたちのうちにあるさまざまな生命力のエネルギーは、調和されなければなりません。彼が「夜」と呼ぶこの抑制には、能動的抑制と受動的抑制があります。

能動的抑制はいつまで続くのでしょうか。それは、神が主導権をもってわたしを導かれるようになるときまでです。自分自身でわかるか、または霊的指導者によって示されるときまでわたしは能動的抑制を続けなければなりません。

わたしの恵みを実現するにはどうしたらよいのでしょうか。実はわたしたちにはわからないのです。わたしの名とわたしの恵みを知るのは天国でのことです。そのときには、至福直観によってわたしの恵みの質がわかるでしょう。でも、それまでわたしにははっきりとわかりません。

では、どのようにしてわたしの道、わたしの召命を完全に実現できるのでしょう。わたしにはこの道がわからず、神がわたしに何を望んでおられるのか、明日がわたしに何をもたらすのかわかりません。わたしたちを導かれるのは聖霊です。聖霊がわたしを聖なる者としてくださいます。それが聖霊の役割なのです。（『カルメル山登攀、序文』、『愛の生ける炎、３節』）

実は聖霊に導かれるようになって、神秘生活がはじまります。神秘生活は偉大な聖人たちだけのものではありません。すべてのキリスト者のためです。聖霊だけがわたしたちを聖化できるのです。神はわたしたちになにを望んでおられるのでしょうか、どんな者になることを望んでおられるのでしょうか。サレジオのフランシスコのような聖人でしょうか、それともアッシジのフランシスコのような、それとも他の聖人のような人でしょうか…それをご存知なのは聖霊だけです。神さまはサレジオのフランシスコとアッシジのフランシスコといった聖人の二つの型だけをお持ちではなく、一人ひとりの型があります。ですから、人を聖化させる道はいくらでもあり、どの道へわたしを導かれるか知っておられるのは聖霊だけなのです。わたしは自分でできることをし続けます。なにもしないということではなく、わたしの唯一の関心ごとは神の働きにしたがうことなのです。

―生まれ育った環境から受ける影響―

この神の働きとはまずわたしを浄化することです。わたしたちは自分のうちの感覚、精神そして意志の生命力エネルギーを、向けるべき神に向けていません。では、そのエネルギーをどのようにして神へ向けたらよいのでしょうか。すなわち、どのように抑制するかということが問題になります。神は神に向かっていない感覚、精神、意志の生命力をいろいろな方法で清め、ご自分のほうに向けられるのです。

たとえば、今いる環境がわたしに要求するあれこれのことを自分がするべきだと思います。実はそうすることによってわたしは清められるのです。家族、家庭の教育などはわたしのうちに生活の規範、価値観、信念などをすでに刻み込みました。これら環境から受けた影響に従うしかないのでしょうか。いいえ、それだけではありません。環境は宿命的なものだけではなく、そこには神の光に照らされた導きもあるのです。

それは正当なことでしょうか。そうです、その環境、家庭でわたしに生を授け、教育されたのは神ですから。わたしたちに対する神の働きは、通常直接的な働きではありません。大概の場合、副次的な原因を使われます。神はわたしに従うべき光、またはプランを明瞭に示されます。ある理由のためにある道へ、あれこれの召命へとわたしを導くのに、神はわたしを後ろから押されるのです。

召命を例にとってみましょう、一番わかりやすいかもしれません。「ああ、わたしはこの召命に進みたくない」「どうして？　あの人がわたしに言ったから、もしそれに従うならその人の影響だということになるから。」　あなたは何を待っているのですか。大天使ガブリエルですか。このようなことに大天使が現れることはありません。神は通常、副次的な手段を使ってわたしたちに進むべき道を示されます。

たとえばアビラの聖テレサの例をみてみましょう。カルメル会の改革者、霊的師といわれる彼女の召命は友情からはじまりました。友情のおかげでカルメル会へと導かれたのです。テレサはまずアウグスチノ女子修道会の学校で教育を受けていましたが、あまり気に入りませんでした。そして「わたしは絶対修道者にはならないわ」と思っていたのです。これは単に彼女の好みの問題だったのでしょうか。いいえ、それは光だったと言えるでしょう。テレサはカルメル会に友達がいました。「わたしはあそこに行くわ、わたしの好きなジャンヌ・スアレスがいるんですもの。」このようにしてテレサはアビラのカルメル会ご託身修道院に入会しました。テレサにとってジャンヌ・スアレス以外の大天使ガブリエルはいなかったのです。しかし、そのジャンヌは、後日テレサの改革カルメル会に入ることはなく、ご託身修道院に留まりました。

神のみ摂理とはこのようなものです。ですから「わたしに従いなさい」というのは横暴だとする精神分析者たちの影響を受けないように、彼らの言うことを信じないようにしましょう。行く道の曲がり角には神からの使い、道具は必要なのです。あなたを前進させたり止めたりする人は暴君なのでしょうか。暴君であったとしても、幸いにもその人はそこにいるのです。そうでなかったなら大変なことになるかもしれません。何か巧くことが運ばないとしても、それ自体がわたしたちにとってよい助言となり、神の光をもたらします。

こうして、あなたの環境、あるいはみ摂理がもたらす状況、受けた教育の中に神の光を見出すでしょう。わたしたちは常に神のメッセージを待つか、さもなければ個人の直感を待っています。個人の直感……あわれな人間の直感！　それを待ち、信頼するならどこに行き着くかわかりません！　個人的欲情、しかも下位の欲情に身を任せるために、み摂理がもたらす外的影響に注意を向けづらくなります。

以上述べてきたことが絶対的だと言うのではありません。霊魂は自由に恵みにしたがい、祈り、聖霊の働きに身を置くなら、神の光を見つけるでしょう。環境からくるあれこれのみ摂理のしるしのうちにその光を確認するでしょう。

—神の光は多くを要求する—

霊魂は浄化されるために戦わなければなりません。でも、どうして浄化されなければならないのでしょうか。神の光はわたしに何かをするように要求されますが、それはわたしたちにとって都合の悪いことであったり、やりたくないことであったりします。ですから、わたしたちにとって神の光にしたがって生きることは容易なことではありません。この光は歳とともに増してきます。この光を15歳、16歳、17歳のとき受けるかもしれません。その年頃は力・命が開花し、自由を希求するときです。しかし、不幸にもその時期に、「あなたは自由ですよ」という助言を受けるかもしれません。でも本当に自由なのでしょうか。この自由を実践するためには神の光と祈りによって導かれ、照らされる必要があります。

規則・規範が自分の自由を束縛すると思う成長期に、友情や、教育がもたらす摂理的状況など外部からのしるしがあります。すると、神からの光は攻撃性と無秩序をもたらします。それで、「注意しなさい、それはあなたにとって悪いしるしですよ。あなたの攻撃性は多分それがあなたの道であるがゆえにあなたを傷つけ、反発させるのです」と、わたしは霊的指導のとき言ったものです。

もしそれが友人であれば、わたしは自分がしたいようにしたでしょう。その方が楽ですから。でもそうできないのは、これが神からのとても深い光で、その光は多くを要求してくるからです。わたしの魂の深みに届く槍のように、わたしを傷つけるのはそれがとても深いところまで達するからです。これらの心理的側面を述べるのは、反発や嫌悪を感じたとしても、それが必ずしも否定的なしるしではないことを示しておきたいからです。

かつて黙想指導をしているとき、第一講話の後に言ったものです、「講話後、面接したい方はどうぞ。特にわたしを恐れている方！」というのは、この人たちが講話で深く心を動かされて、面接を特に必要としていると気づいていたからです。わたしを恐れるのももっともです。自分を全くささげなければならないと心の深みではわかっていても、反発も感じるからです。

―恵みがもたらす光―

このように環境がもたらす浄化があります。と同時に、恵みの働きもあるのです。秘跡、念祷、神との接触がわたしたちにもたらす恵みの積極的働きについてはすでに述べました。この恵みは光を内に宿しています。わたしの聖化のために神からいただくわたしへの恵みです。わたしの隣の人はその人の恵みを受けます。つまり恵みはまったく独自のものだということです。わたしに命を与えるこの恵みは光をもたらし、わたしのうちにすでに刻まれています。もし神の光のもとにわたしに与えられているこの恵みについて考えるなら、その恵みが何であるか少しはわかることでしょう。とにかくあるとき、この光は、神がわたしに要求されていることを感じさせ、発見させ、わからせてくれるでしょう。

「でも、わたしは念祷で何も受けません、光を見つけません」と言うかもしれません。幼きイエスの聖テレーズのように念祷のときに何も光がなくても、日中必要なときに、「足元を照らして」くれるでしょう。この光がわたしに何かをするように示します、この苦行をするようにとか、わたしの歩みを導くのです。これが恵みです。

―神ご自身が魂の健康―

恵みは霊魂のうちに入り、人間の諸機能に浸透して、心理的現実となります。恵みは、霊魂の高みからコントロールするのではありません。その人の深奥において心理的、精神的影響を及ぼします。

このことはテレーズのご降誕祭の恵みにおいて明らかです。この恵みによって彼女は情緒的フラストレーションから癒されました。恵みの心理的、精神的栄養を受けましたが、心理的慰めも自覚もありませんでした。けれどもテレーズは確かに癒されたのです。このときより彼女は平常の状態に戻っただけでなく、自分を制することができるとても豊かな気質となりました。心理的、精神的均衡を得、その知性は解放され、数ヶ月のうちにそれまで学んだ以上のことを習得しました。と同時に、この均衡は超自然的光を伴っていました。

この現象はわたしたちにも起こりうることなのです。霊的生活または神秘生活は下位の命（心理的、精神的命）の良薬でもあります（『暗夜』Ⅱ16章）。要するに、恵みが心理的レベルに注がれると、その人は癒され、人間の全領域における均衡をもたらすことができるのです。

4　観想的無味乾燥

―初期のころの喜び―

すでに述べた神秘生活のはじめに与えられる恵みは、わたしたちの精神や心理面に何をもたらすのでしょう。それはまず、喜びです。この喜びはすべての生命の営みにおいてと同じ「生命の開花の法則」です。生命の開花は常に喜びからはじまるということです。成長であろうと生殖であろうと、すべての生命の働きは、まず喜びからはじまります。神はこの法則を生きるもののうちに置かれました。同じように、生殖に関しても快楽からはじまります。しかし、その結果を望まないで快楽しか探し求めないのは誤りで、堕落につながります。霊的なことがらにおいても同じことがいえ、まず喜びからはじまり、次第に開花してゆくのです。

―無力感―

初期にこのような喜びを味わった後、ある種の苦しみがやってきます。というのは霊魂のうちに超自然的命が支配的になるために、身体的、感覚的そして知的レベルにおいてなされなければならないことがあるからです。それはちょうど病人を眠らせて手術を行うように、神は下位のレベルの命を眠らせて、その人の内で働かれます。こうして霊魂を柔軟にさせる時期となり、通常、それは「観想的無味乾燥」と呼ばれています。これは大切な時期です。恵みが信仰を通して知性に働きかけて知性の働きを無力状態にするので、以前のように黙想することができなくなります。すべての精神活動、知的働きは身動きできなくなってしまうのです。

無味乾燥の原因は、神が、富と力とを感覚から霊の方に移されるからである。感覚や、自然的力は、これを受け入れることができないので、飢えと乾きと空虚の中にとどまることになる。というのも、感覚的部分は、純粋に霊的なことを、受け入れるようにはできていないので、霊が何かを味わいはじめると、肉は不快を感じ、気力が衰えてくるのである。…

あれこれの感覚的味わいに適した口を保持し続けていて、目は今もまだ、それらに注がれているからであり、霊的な口の方も、このようにきわめて繊細な味を味わうためにまだよく整えられていないし、清められてもいないからである。したがって、この暗い渇ききった夜という手段によって、次第に準備されるまでは、以前にはあれほど簡単に味わうことのできた味がないために、ただ無味乾燥と不快とが感じられるだけであって、霊的な味も宝も感じられないのである。（『暗夜』50・1～9）

このような無力感のうちに、「霊魂は何もできない」というそのことにおいて浄化されます。この時期、その魂の力は決して減少しているのではありません、そうではなく、無力感や不快感しか見出せないことによって浄められているのです。幸いにも、このように恵みは働き、聖霊はその人の知性、想像、意志の上に影響を及ぼすようになります。これが浄化の第一段階、感覚の浄化、霊魂の表層の浄化です。（『暗夜』50・1～8）

この無味乾燥の状態は気分の落ち込みから来る場合もありうるので、識別が必要となります。精神分析家は、おろかな神秘主義への道のりを歩みはじめていると言うかもしれません。確かにこれは、メランコリーあるいは他の要因によっても起こりうる状態です。ですから識別を必要とします。指導者、または専門家からの適切な判断を必要とする少々デリケートな時期なのです。

このような無力状態はすべての人におこりうる一般法則です。祈りにおいて感覚的支えを探して神を見いだそうとしてもできないという無味乾燥であったり、または日常生活の務めを果たそうとする時に感じる無気力状態であったりします。ですから、この感覚の浄化を恐れないようにしましょう。これは、特定の人々に限られているのではありません。通常すべての人に起こりうる状態です。神はいつも同じやり方で働き、同じ効果をもたらします。感覚、想像、悟性の働きが無力状態のとき、神はその人の内で働き、霊的に影響を及ぼしておられるのです。

―神を見いだすには―

「祈っても何も見いださないし、聖体拝領後の祈りでも何にもない…だからわたしはもう祈りをあきらめよう」という誘惑にかられるかも知れません。何という不幸なことでしょう！　このような状態のときにこそ、もっと聖体拝領をする必要があります。黙想もできず、他の諸機能も働かず、感覚は無味乾燥であっても霊的糧から遠のくことなく、かえって聖体拝領、祈りへと導かれてゆくことは大切です。このような状態のときこそ神を捜し求め、神によって養われる必要が今まで以上あるのです。

もしも彼らを理解してくれる人が誰もなければ、彼らは後戻りをして、その道を捨ててしまうか、気力を失ってしまうか、少なくとも前に進むことを妨げられたりするであろう。というのも、黙想や推理の道を通ってゆこうと、あまりにも懸命になりすぎるからである。そして彼らは自然性を過度に苦しめ、疲れさせながら、自分の怠りあるいは罪のために、このような状態になったのだと考えている。このようなことは彼らにとって無駄なことである。なぜなら、神は観想という他の道によって彼らを導いておられるからである。

(『暗夜』I―10)

「知的発達の遅い子供には何も教えることができない。どうしたらよいか」と相談されたことがあります。彼らの人間的能力は他の人たちより劣っているので、どのようにして霊的な事柄を伝えられるのかというのです。それに対しては、霊的なことがらを与えることによってだと答えましょう。わたしたちが普通の子供に祈りを教え、聖性に導くことができるとしたら、知的発達の遅い子供のためには一つの手段しかありません。それは聖体拝領をさせることです。養分を直接に与えるのです、霊的糧を余分に摂らせることです。「でも彼はご聖体を受けることはできません。ご聖体をただしく拝領しませんから、何しろ知能が低いのです。」確かに知的能力は低いかもしれません。知的発達の遅れや性格に問題があっても、洗礼を受けた者は霊的に確実に養われるというだけではなく、それ故にこそ、養分を必要としているのです。何故かというと、自分では何もできず、自分の理性を使って霊的糧を受けることができないからです。

5　霊的なものへの適応

以上感覚の浄化について述べてきました。この感覚の浄化に対して後に述べる霊の浄化は、神の働きによるさらなる深みでの浄化となります。外的なことがらがそれほど関与することなく、恵みは深みに浸透して霊魂を浄化します。こうして自分が犯した個人的罪や原罪がもたらした無秩序によるすべての傷、亀裂をつくろうのです。ここにおいて、確かに霊魂は変容され、新しい人になるように浄化されてゆきます。この変容された新しい人のうちに、神が要求されるすべての苦しみとともに、その変容されたすばらしさをも眺めることができるのです。

—さらに受動的になって—

はじめの浄化である感覚の浄化は、表層の浄化です。霊魂の働きやさまざまなエネルギーに秩序をもたらすのが目的です。こうして霊魂に霊的なものを受け入れやすくさせます。これまで秘跡によって、または時々祈りによって霊的命を受けていました。しかし、人間の感覚、想像、意志、知性などはまだ神の働きにまかせきれていません。あまりにも自分のやり方で、そして自分の目指す方向へと向かってしまいます。自分の中の欲情や感覚、知性、意志の欲求にしたがって生きています。

外面が浄化されることによって苦しみますが、霊的なものが侵入することによって神の恵みにさらに開かれて恵みを受け入れられるようになります。

十字架の聖ヨハネはこの感覚の浄化によって感覚や人間的な力がさらに上位の本質へ、感覚とは異なる霊的なものとなっていくのだと述べています。

感覚の浄化は、単に霊の浄化のための観想のはじまり、または入り口であるに過ぎない……

この浄化は霊を神と一致させることに役立つよりは、むしろ、感覚を霊に適合させることに役立つ……（「暗夜」Ⅱ―2）

―神秘の深みへ―

では、どのようにしてこのことは起こるのでしょうか。

神秘のうちに。すべての成長は神秘のうちに、混沌のうちになされます。宇宙の発生、人間の起源など…これらすべての成長は混沌のうちになされました。すべてのみ業は混沌と神秘のうちになされるのです。感覚の浄化もやはり神秘のうちに行われます。ですから分析しようと思わないように。感覚の浄化についてさらに深く知ろうとして、心理的、精神的、自然的状況をあまりにも細かく分析をしようとするなら、命が芽生えるその時に神のみ業を停止させてしまうことになりかねません。ですからあまり近づいて眺めようとしないことです。幼きイエスの聖テレーズは感覚の浄化と霊の浄化をかなり速く通過して神との一致に至りました。それは浄化を眺めていなかったからです。

―忍耐をもって協力する―

自分が今、感覚の浄化にいるのだと自覚した方がよいのでしょうか。知っていれば、心配しないためにはよいでしょう。浄化の初期において自分の意志と神からの光によって積極的に抑制してきました。その後の段階で、わたしたちがしなければならないのは、神ご自身がわたしたちを浄化なさるその働きを耐え忍び、それに協力してゆくことです。（『暗夜』Ⅰ―10）

わたしたちは眠っているときや目を閉じているときの方が忍耐強いものです。周りを見回していると耐え難くなります。ですから、浄化で苦しいときには忍耐し、あまり周りを見回さない、分析しないことです。前述したように、もし必要なら、専門家にこれが真の浄化、恵みの働きであるかどうかを見極めてもらうことは大切です。ひとたびそれがはっきりしたなら、もはや動き回らず前進し続けることです。霊的糧に養われながら、自分がするべき日々の務めを果たしてゆくことです。

暗夜を通って

1　人間の内的構造

デリケートなテーマですが、基礎的な知識をいくつか挙げておきましょう。

―感覚から霊へ―

ここでいう感覚や霊とは、一体何を意味しているのでしょう。まずそれを定義することからはじめましょう。十字架の聖ヨハネの考える人間の内的構造には、外的な面（外的領域）と内的な面（内的領域）があります。外的な面とは、通常、

「感覚」と言われている領域です。わたしたちが他人や事物や状況など、いわゆる外界と接触するときに、窓の役目をするところとでも言いましょうか。この領域には、肉体、感情、欲望、想像などが含まれています。一方、人間の内的な面（内的領域）として、「霊」と言われる領域があります。そこに知性と意志が含まれますが、その全てが霊の領域にあるわけではありません。

知性が感覚を通して推論し、そこから得る認識である限り、この知性は感覚の領域に属しています。しかし、感覚に依存していない知性で、「霊的英知」とか「直観的認識」と呼ばれるものは霊の領域のものです。ですから、このような定義は、わたしたちが通常「想像、知性、意志」と呼んでいるものとは少し違います。少なくとも、十字架の聖ヨハネにおけるこの違いを明確にしておくことが必要だと思います。

同じように意志についても、外界からの印象や影響を受けやすい感覚の領域の意志と、霊の領域の意志の核心とが区別されます。そこでは、たとえば感覚に依存する意志の領域で何かに同意したとしても、そのもっと深みにあって外界に影響されない意志の核においては同意していない、譲歩していないということがありうるからです。

以上の区別は実生活において役に立つと思います。特に外界の影響をある期間受けていたときなどに、同意があったのだろうか、意識的な同意であったのか、意図的な行為か、よく考えて同意したのか、そうでなかったのか、何らかの外部の影響に負け、屈したのではないか、などと考えることがよくあるからです。

わたしたちが眠っている間に見る夢について心理的分析を行うことができるでしょう。ここではわたしたちの感覚的能力がおもに働いています。記憶、想像、感覚などが、たとえば睡眠中、夢の中で望んだり、譲歩したりします。しかしそれは意志の核心での承諾ではなく、いわば意志の周辺、感覚の影響を受けやすい表面的譲歩といえるでしょう。ですからこれは感覚の領域に属することなのです。

十字架の聖ヨハネが感覚の浄化について話すとき、それは人間が感覚的なものから霊的な超自然的なものへ適応してゆくことを指しています。感覚の浄化には、この感覚の領域にあるものがすべて含まれています。そこは霊魂の周辺領域と呼ばれるのが一番適していると思われます。意志や知性が感覚と直接関わっている部分です。

ドイツの神秘家たちはGEMUTという言葉で魂の深奥、核を表現していますが、霊の浄化に関してはその核の部分（GEMUT）の浄化なのです。知性であるならば感覚からの推論による働きでなく直感的知性であり、意志ならば外界の影響を受けず、まったく自由に自発的になされる意志の核心です。十字架の聖ヨハネが提供する人間の心理的側面は、トマスの神学的哲学にいつも基づいているのではありません。そこには彼の体験があるのです。要するに十字架の聖ヨハネは人間の機能を聖トマスの哲学に従って知性と意志に分類しますが、それぞれの内にさらに二つの領域を区別しています。

—深みにおける浄化—

以上みてきたように感覚の浄化は、知性と意志のある部分をすでに含んでいますが、まだ表面の浄化です。ちょうど、精神を幹とするなら、その幹についている枝の部分の浄化です。他方、精神の浄化はずっと深い所、深奥における浄化となります。感覚の浄化は単に刈り込みに過ぎず、幹に至ることはありません。剪定鋏は枝だけを刈り込みます。十字架の聖ヨハネによると、感覚が霊的な精神の領域へと適応されてゆく感覚の浄化の後、まだ深奥における内部の浄化が残っています。まだ根っ子の部分が残っているのです。

霊の浄化についての記述の中で、十字架の聖ヨハネはこの浄化がなぜ必要なのかを述べています。わたしたちは元来、いろいろな傾向を持っています。これらの傾向はすでに浄化されて、刈り込まれ、いくらか新しい環境に適応されるようになりました。しかし、まだ実際にしかも強力にその傾向は残っているのです。霊の深奥の浄化において、今度はこの強力なしつこい部分の浄化が行われます。霊の浄化の対象になるのは、貪欲や傲慢、虚栄心などの傾きで、わたしたちが自分の深みで霊に適応するために、これらが浄化されることになります。

このように説明するのは、十字架の聖ヨハネの用語とその教えを理解するためです。聖テレサは第六の住居で苦しみについて描写していますが、霊の浄化そのものについては説明していません。そこで哲学者でもある十字架の聖ヨハネの論理的説明が必要となります。聖テレサは起こった事柄をとりあげて描写しますが、十字架の聖ヨハネのように、その理由を正確には示しません。

2　内的ドラマ

――浄化の段階――

こうして霊魂は霊的なものを受けるために浄化され、その状態に適応してゆきます。知性は浄化されたので、感覚に依存して推論するようなことはもはやできず、理性は麻痺したようになり、霊魂は知性の頂点である信仰によってのみ、神を観想するようになります（『暗夜』Ⅱ・1章）。このようにして霊的能力の浄化はなされます。

感覚の浄化（第四の住居）から霊の浄化（第六の住居）への移行期である第五の住居ではどのくらいの年月を経るのでしょうか。通常霊魂はたやすく観想に至って、第五の住居の特徴である意志の一致を楽しみます。この期間はまちまちですが、十二、三年と十字架の聖ヨハネは言っています。それは聖書を参照してなのかどうかはよくわかりません。

さて、霊魂はいよいよ愛の山頂へと導かれる霊の浄化に入ります。この霊の浄化は二段階からなっていますが、はっきり分けることはできず、それぞれが混じり合い、入り乱れています。

第一の段階は特に苦しみによって特徴づけられ、第二段階はもうすでに一致の段階です。この中間に十字架の聖ヨハネと聖テレサが霊的婚約と呼ぶ現象があります。霊の浄化はこの霊的婚約によって分けられ、第一段階は浄化に特徴があり、第二段階は通常もっと肯定的で神の働きによる神との完全な一致を準備する時期となります。

以上、霊の浄化というものがだいたいどのような浄化であるかを見てきました。それは霊魂の非常に深い領域においてなされますが、そこは神とのこの上なく親密な交わりの場なのです。この浄化は表面の浄化ではなく深みにおける浄化なので、わたしたちにとって、たぶんもっと耐え難いでしょう。皮膚の表面の吹き出物ではありません、霊魂の深奥での浄化なのです。

―神の働き―

この浄化はどのようにはじまるのでしょうか。あるいは引き起こすことができるのでしょうか。それは神がなさることです。神と親しくする習慣があり、神と一致し、聖霊の働きをもたらす第五の住居の通常の結果です。「恵みは聖霊によって注がれます。」聖霊は精力的に働きます。何故でしょう。霊魂は聖霊と常にともにいようと努力しますから、聖霊の非常に豊かな霊的糧が、その人に与えられるのです。神の働きは霊魂におよび、霊魂は聖霊の働きにいっそう敏感になって、その促しに従います。

この時期、神の働きは特別な恵みを霊魂にもたらします。聖テレサはこの恵みを第六の住居に位置づけます（『霊魂の城』第六3・6、8・10）。霊の浄化と特別な恵みが同時であるのは驚きです。確かに逆説的です。霊魂は苦しむ以外にないのではなく、苦しみと同時に素晴らしい贈り物をいただくのです。

このとき浄化の最中に霊的婚約がおこなわれます。さまざまな表現が可能ですが、ここではテレサ的表現を使いましょう。時に恍惚が起こり、神の本質に触れ、霊魂は変容されます。といっても神を見ているのではありません。神の霊と人間の霊が真に触れ合っているということです。神が真実に、実際に霊魂を変容させ、変えてゆきます。それ故に、神の恵み、神の特別な恵みによって、霊魂の内部では神の強烈な働きがなされているのです。

―浄化のるつぼ―

人のうちに注がれる神の恵み、神の清さ、神の聖性、神の力、神のやさしさは霊魂の深奥、どんな修業によっても到達できない深奥に達します。すると、霊魂のこの深奥において矛盾が生じます。十字架の聖ヨハネはそれを神の清さが人間の惨めさ《ミゼール》、人間の罪に触れるドラマなのだと強調します。神の強さと人間の弱さ、光である神と霊魂の闇との接触です。この相反するものが触れ合うことが激しい苦悩となります。

この光を受けた霊魂の深奥の心理的反応について、十字架の聖ヨハネは霊的なものが心理的なものに及ぼす影響はとてもはっきりとしていると指摘します。では、それが何をもたらすというのでしょう。相反するものの対立です。ここにゲッセマネの苦しみとも言える現象をすでに見出すことになります。

十字架の聖ヨハネが述べるさまざまな苦しみが起ります。打ちひしがれた状態、暗夜、煉獄の苦しみ…。あるときにはもう呼吸もできず、全く滅びゆくもののように苦しみます。もちろんこれはイメージであり、シンボルです。十字架の聖ヨハネは、霊魂が理解できないまま、自分が受けているこの深い苦悩を描写するのに旧約聖書のヨブの表現を使っています。

以上のことを特別強調するつもりはありませんが、苦しみの原因を指摘したいのです。受ける苦しみは人によって異なるからです。その苦しみには平和の印が刻まれています。しかし、実際に苦しむのです。浄化は個人的で、各人によって異なります。ある人にとって深い苦悩や暗黒は不安をもたらします。時として神の働きは霊魂を深みで照らすので、自分の罪を見、自分は救われないのではないかと不安に陥ります。霊魂にとっての霧、そして夜です。対神徳の行為をすることさえできないこともあります。苦しみについてこれ以上述べる必要はないでしょう。十字架の聖ヨハネがこのことに関して言っているのを読んでみてください。

霊の暗夜のこの苦しみは、実際に体にも影響を及ぼします。十字架の聖ヨハネと聖テレサはこの時期にもたらされる病気について記しています。それが思いがけない病気であったり、時たま起こる病であったとしても、苦しみは特別に激しいものがあります。というのは、それが内的な苦悩によってもたらされるからです。魂の深奥に存在する二つの要素が対立し、その闘いが体に波及するのです。

これら二つの要素が相互に対立することを霊魂は真に意識するのでしょうか。神の清さと自分の不純性、自分の粗雑さなど、これら二つの側面を十字架の聖ヨハネは指摘します。霊魂はこれらのことを必ずしもはっきり理解するとは限りません。はっきり見えるのは霧だけです。最も痛感するのは自分の深いスランプ状態（自分がひどく落ち込んでいるとき）が、体とその働きに影響を及ぼしているということです。

人によって異なる症状をここであまり明確化するのは避けましょう。霊魂は往々にして次のような印象を持つことになります――はたして自分は人間として失格なのではないか、あまりにも深いその深奥で何かが起こっているので、気が変になってしまったのではないだろうか。自分が崩壊してしまうのではないか、などの印象をもちます。

同時に、霊魂は時として自分は救われないのではないかという試練を受けるかもしれません。自分の罪、傲慢、すべて醜いものが神の光に照らされて露わにされ、地獄の火の焚きつけに適しているとしか思えなくなるかもしれません。

―苦しみと病―

特定の病気によるとは限らない肉体の苦しみは、漠然とした不快感という苦しみかもしれません。「肝臓を病んでいる！」というかもしれません。はっきりとしていない、どことなく、もしかすると神経がやられていると思うかもしれません。感受性の強い敏感な人は、体の特定の場所にそれが現れるかもしれません。『わたしは神をみたい』の中に、わたしはこの不快感が体の中でどのようにおこるかを記しました。その人の弱い部分、敏感な部分に現れるのです。

今までにわたしは浄化によるこのような状態にある人々、特に女性に出会いました。あちこちの場所に現れる不快感や苦しみを、医者は理解できません。本人はああだこうだと不平をもらします。特定の場所に現れるとは、たとえば、特に女性にとっては生殖器、腎臓、自律神経などです。おそらく自律神経に関しては、それが精神活動に大いに関係しているので、霊的な事柄においても現れてくるのでしょう。もし実際にどこかが病んでいるとしても、それは重要なことではありません。例えば腎臓結核、胃潰瘍また他の病気などといっても、実際には何も無いこともあるのです。

ここでの問題は、苦しみと衝撃です。苦しみが強烈な衝撃となり、その人を根底から揺さぶります。この衝撃はどこから来るのでしょうか。たとえば鉄の棒に衝撃を与えてみてください。どこが壊れますか。弱い部分がその衝撃で壊されます。それは樹についても同じです。イチジクの樹に登ったとします。その枝はすぐ折れないくらいしなやかですが、幹と枝の接点が折れるでしょう。このように病気は体の弱い所に現れます。

今日では、幸いにもレントゲンがあります。ですからすぐに器質性疾患ではないとか、単に一過性なので少なくとも手術をする必要はないと、すぐにわかります。

3　悪魔のわな

―巧みに働く―

すでに述べた病気に加えて、悪魔は外的な苦しみをもたらします。まさに次の段階に移行しようとする人々やすでにこの領域に達した人々を悪魔は警戒し、「この人が、この領域を通り越したら大変だ！」と思います。聖テレサは、第六の住居に到達した霊魂は、悪魔にとって危険な存在だと言っています（第五の住居四章）。もう彼には敗北しか残されていません。

悪魔は霊的なものを直接理解できませんが、霊魂の放つ輝きによってそれを感知することはできます。「あなた方の敵である悪魔が、吠えたける獅子のように、誰かを食い尽くそうと探し回っています」（一ペトロ5・8）。主の周りを、大きく目を見開いて探っていたように。彼らは賢く鋭いので、「この人は普通の人間ではない、特別なユダヤ人だ」「われわれを滅ぼしに来たのか。正体はわかっている、神の聖者だ…」(マルコ1・24)と見抜くのです。

王が自分の国や国民を視察しようと各地を訪問するようにではなく、悪魔は自分が関心をもつ人間に個別に働きかけるのです。聖人や聖性の道を歩む者は、確かに悪魔の悪賢く鋭い攻撃の対象となっています。

十字架の聖ヨハネは「神は悪魔にある自由を与えている」と言ってはばかりません。これに関しては『生ける愛の炎』を読んでください。ヨブ記において悪魔は神に言います。

「ひとつこの辺で、み手を伸ばして彼の財産に触れてごらんなさい。面と向かってあなたを呪うにちがいありません。」主はサタンに言われた。「それでは彼のものを一切お前のいいようにしてみるがよい。ただし彼には、手を出すな。」(ヨブ1・11、12)

「手を伸ばして彼の骨と肉に触れてごらんなさい。面と向かってあなたを呪うにちがいありません。」主はサタンに言われた。「それでは、お前のいいようにするがよい。ただし、命だけは奪うな。」（ヨブ2・5、6）

十字架の聖ヨハネは、「神は霊魂に与える恵みを悪魔に示して、彼が真似することができるようにしている」のだと言っています（『暗夜』23章）。このことは福音書で「毒麦のたとえ」として指摘されています。よい種が蒔かれた後に、悪魔は毒麦を蒔きます。

ある人がよい麦を畑にまいた。人々が眠っている間に、敵が来て、麦の中に毒麦を蒔いていった。芽が出て、実ってみると、毒麦も現れた。（マタイ13・24〜25）

これが悪魔の通常のやり方、敵の挑戦なのです。わたしたちにとって、この世での生活は試練の時です。悪魔が神からある自由を与えられているからです。わたしたちは、神との一致に至るために試練を経なければなりません。

試練を受けなかったものが何を知っているか。試練に会わなかった人は少しのことしか知っていない。（集会書34・11）

あなたは神のみ心に適った者であったがために、神はあなたを試し、いっそう完全な者にするために、試練を送るという恩恵をあなたにたまわったのである。（トビア12・13、『生ける愛の炎』第2の歌・26～28）

悪魔はわたしたちが神に向かうその道に困難や障害をおいて、わたしたちの進歩を妨げようとします。神はわたしたちの先祖が誘惑を受けることを許されました。さらに、聖性の恵みを与えようとする人たちのためにも許しました。わたしたちは「どうか悪魔からわたしたちを守ってください」と懇願します。けれども、神は「やらせておきなさい。試練が何をもたらすか見てみましょう。もし収穫のとき毒麦や茨があったらそれを燃やして、わたしはよい麦だけを刈り入れましょう」（マタイ13・26〜30参照）」と言われます。

―混乱をもたらす―

以上見てきたように、悪魔はある程度の自由を与えられていますが、その自由を使わないということはありません。それも自分ができる限りのことをします。悪魔のすることは、まず、心理的混乱をもたらすことです。（『暗夜』23章）外部から感覚に働きかけて混乱させるのです。

今日、いわゆる「悪魔につかれる」ケースはまれですが、妄想、強迫観念などによる悪魔の働きは無視できません。悪魔はいろいろな苦行や節制などをそそのかし、体力を弱らせるように仕向けることから始めます。こうして、まずその人の体力を弱った状態に置いて、それから感覚に働きかけるのです。（『創立史』14章）このような誘惑にすべて耐えた人を、悪魔はなおも攻撃し、精神的動揺・不安をもたらそうとします。

―恵みを真似る―

また、神秘的恵みに関しては、悪魔はその真似をして本物の恵みを疑わせようとします。ルルドで何か超自然的な恵みがあると、その都度それに似た現象が現れると言われていました。それは前述したように、神は悪魔を自由に働かせるからなのです。聖母がルルドにご出現されたので、悪魔は真似をして自分の仕事をします。どのようにするのでしょうか。それはある種の不安を人々の心にまき散らして、「確かに悪魔でも同じことを再現できるでしょう。きっと悪魔のしたことに違いないですよ」と人々に思わせるのです。このようにして真のご出現に疑いがもたれるようになるのです。

同じように、悪魔は人の心のうちに偽りをもって働きかけます。悪魔は全く同じ真似をしないかもしれませんが、ある恵みを受けた人を例に取ると、はじめの恵みは神からのものであり、次のは悪魔の作った偽物であるということがありました。これは普通におこることです。どうして神はそのようなことをお許しになるのでしょうか。本物と偽物を見わけるのは簡単なことではありません。カリスマ（特別な聖霊のたまもの）と祈りによる以外に方法はありません。

悪魔はこのようにして物事を混乱させます。神は悪魔が外的な領域を利用してその働きをすることを許しておいでになります。

十字架の聖ヨハネは、「悪魔とその存在がとても耐えがたくなることがある」と警告しています。霊魂はすでに霊的事柄に熟成し聖霊と親しくなり、自分のうちにある程度「霊の現存」を体験しています。すると、悪魔はまず光の天使を装って霊のまねをしようと試みることがあります。霊魂がさらにその先を歩んでいるならば、悪魔が霊として自身の存在を明らかにするかもしれません。十字架の聖ヨハネは、悪霊の存在による苦しみを最も耐えがたい苦しみとみなしています。

霊的交わりが、霊にはそれほど伝えられず、それが感覚の中へ混じり込むような場合には、悪魔は一層たやすく霊をかき乱すことに成功し、感覚を通じて、これらの恐怖によって、そこに騒ぎを引き起こすことに成功する。その時、霊の中に生じる苦悩と苦痛は非常に大きなもので、時には、それは言語に絶するものとなる。なぜなら、霊から霊へ、赤裸々に行われるのであるから、悪魔の引き起こす騒ぎが霊に達するならば、悪霊が善霊の中に、すなわち、魂の善霊の中に、引き起こす恐怖は、耐え難いものなのである。(『暗夜』Ⅱ23章5)

―周りの人々をそそのかす―

悪魔の働きは、特にその手先・道具となる周りの人々によって現れます。彼は陰で糸を操るのがとても巧みです。時に、やっかいな出来事を引き起こさせたり、人々を使ったり―これは使徒職における浄化のために特に言えることですが―彼の配下にある人々を巧みに使います。あれやこれやの誹謗中傷をもって働きかけるのです。真理を装った悪だくみを見事に作り上げて仕掛けます。あるいは、善人たちを使います。何故でしょう。それはその霊魂を迫害し、苦しみをさらに増すためです。

悪魔は霊的指導者をさえ取り込みます。聖テレサが指導者に会いに行くと、彼に追い返されたとテレサ自身語っています（『自叙伝』30章）。だからといって、悪魔に利用されたこの指導者が大罪を犯したというのではありません。しかし、彼もまた悪魔にしてやられたというべきでしょう。悪魔はこの指導者の心理状態をよく知っているので、彼に効果的に働きかける方法を熟知しています。それで、その忍耐を失わせるようにしたり、霊魂が彼から忠告を受けられないようにしたりして霊魂の必要としている光をさえぎり、ついには悲しみのうちに自分の殻に閉じこもるように（つまり神に向かわないように）させようとたくらむのです。

では、このように悪魔の働きに取り込まれてしまった人に責任はあるのでしょうか。それはわかりません。いずれにしても、悪魔がその人の欠点や傾きを利用したとしても、おそらく本人に責任はないでしょう。ここで「その人のしたこと」と「その人の意志」を区別する必要があります。問題は意志的行為であったかどうかということです。

シムイに関してのダビデ王の態度を思い起こしましょう。「なぜあなたはあの男シムイに呪わせておかれるのですか。行かせてください、首を切り落としやります」という家来にダビデ王は答えます。「主のご命令で呪っているのだ…放っておいてくれ。主がダビデを呪えとお命じになったのであの男は呪っているのだろうから」（二サムエル16・5～13）。悪魔の勧めではじめたことですけれど、神はそれをお許しになり、望まれさえするのです。

このように、悪魔が霊魂を迫害し苦しみに陥れ、それによって霊魂が浄化されてゆく過程にはさまざまな事柄がからみ合っています。観想生活と使徒的活動とを区別するまでのこともなく、出来事などは異なるとしても根底の原因はほぼ同じです。使徒を大きな苦しみに陥れたり、いろいろな邪魔を仕掛けたり、深い悲しみをもたらしたりするのです。

使徒はこうした苦しみを使徒的活動の中に見出します。アルスの司祭を思い起こしてみましょう。彼の周りにいた素晴らしい兄弟たちは、マリア・ヴィアンネは病気であったとか、あれこれ言っていました。彼らにその責任があったのでしょうか。必ずしもそうとは言えません。悪魔が彼らに「わな」をしかけたのです。主イエスに関しても、彼の死をエルサレムの群衆が願う以前に、悪魔はすでに祭司たちを手先にして、確かに働き始めていました。悪魔は砂漠で主を誘惑しましたが、「その後、イエスをしばらく離れた」と福音書は記しています。ということは、また戻ってくるということです。戻って来ると「自分よりも悪いほかの七つの霊を連れて来て、中に入り込んで住み着く…」(ルカ11・26)のです。主の受難に先立つ何週間かの間、エルサレムの人々の中で悪魔が働いていたに違いありません。エルサレム入城の日(枝の主日)に「ホザンナ」と主イエスを称えていた人々の心に悪魔は働きかけ、数日後には、同じ人々が主の死を要求するようになりました。

このように述べてきたからといって、悪魔がどこにでもいると簡単に信じるのは慎みましょう。けれどもあるときには彼が存在すると信じる必要は確かにあるのです。それはまさに霊と霊との戦いです。ですから、それはただ一人の人の出来事なのではなく、神の栄光や聖性に関わる重大なことなのです。というのは、一人の観想家や使徒の存在は、悪魔に大きな痛手を負わせることになるからです。

悪魔はそのするどい洞察力でアルスの司祭マリア・ヴィアンネの聖性を嗅ぎつけ、生前、彼の司牧に多くの障害を置き邪魔をしました。聖なる司祭が出会った困難や失敗は、悪魔の巧妙な働きによってさらに倍加したのです。悪魔はとても有能で人間の心理に通じていることを覚えておきましょう。どの呼び出しベルを押したら出てくるか、どの操り糸で操作できるか…など、わたしたち一人ひとりを観察し誘惑する許可を神から確かにもらっているのです。ですから福音書が断言しているように、信仰による以外には太刀打ちできません。十字架の聖ヨハネが常に繰り返し勧める信仰です。

信仰こそが、聖性に呼ばれたものが受ける挑戦や苦しみに霊魂が打ち勝って、愛の山頂に到達できるようにさせてくれるのです。

4　夜と暁のはざまで

―聖徒の交わり―

愛に変えられるまでの長い道のりに何がまだ残されているのでしょう。これからがあがないの苦しみのときです。観想的使徒職にある人は、他の人々の罪を背負うことができます。神はすでにさまざまな使徒的働きにおいてその人に力を与えていますが、たいていの場合はその代価を払わなければなりません。それは人々の罪をご自分で背負われた神の子羊（ヨハネ1・29）、わたしたちの仲介者イエス・キリストの通常の法則なのです。聖い人は主キリストのようにすでに罪を背負い、その重荷をこの世で負っています。

ここにおいて人々の間にとても神秘的な交流があり得るのです。それはすべて神の計らいによるのですが、必ずしもこの交流がいつもあるということではありません。しかしキリストの神秘体においての一致はとても親密な交わりをもたらすことができます。通常恵みはある人からその人ほど聖なる人でない、罪を背負った罪人に与えられると思いがちです。けれども、必ずしもそうとは限りません。聖なる人、またはそれ程聖なる人ともいえない人が聖性の道を歩んでいる他の人の罪や困難を引き受けることがあり得るのです。聖徒の交わりにおいて互いの苦しみを支え合います。

具体的なできごと、あるいは人々の間でなされる心の深みでの親しいコミュニケーションは聖徒の交わりが存在することを証明しています。このことに関して多くの場合、聖人伝はさらに雄弁に語ってくれます。

ある人は苦しみによってのみ誰かの回心の恵みを受けます。あるいは他の方法、時として地理的に離れていてもテレパシーによって示されることもあります。このようなことは実際に起こり得るのです。しかしそれは単なる精神的テレパシーではなく、教義に基づいている聖徒の交わりです。もし聖徒の交わりが存在するならば、テレパシーは霊的コミュニケーションに関する微妙な議論を裏づけ、支持することになります。この霊的コミュニケーションは多くの場合特別な苦しみをともないます。このような人に使徒の働きができるのかと思うかもしれませんが、第六の住居にいるものはすでにとても活動的なのです。

しばらくするとこの霊魂には霊的婚約という恵みが与えられます。これは通常神秘的体験、恵みです。もはやまなざしではなく神的富を霊魂に残す神との接触です。こうして神はご自身との一致へと霊魂を方向付けて、確実な領域へ導き入れます。神が霊魂を聖化し、完全な一致へとさらに強烈に、といっても通常苦しみはひどくなく、神がその霊魂を聖化するために働く確かな準備領域に入らせるのです。

―浄化は生活の中で―

これ以上、この霊の浄化について何を言いましょうか。大抵の場合この浄化は生活の中においてなされます。それゆえ浄化はさらにつらく思われます。しばしば自然的要因や出来事などのうちに隠されています（『JVVD』780〜786頁、815〜820頁）。病気の苦しみは見たところ自然的要因のようでもあるし、病理的ともいえる原因からの場合もあり得ます。神的事柄だからといって、いつも特別な仕方でもたらされるのではありません。神がなさることはいつも純粋に超自然的な現象ではありません。神は自然的要因をお使いになります。第二原因はほとんど完全に神がなさっているとは思えないほどに、神の介入を隠してしまうことがあります。それはちょうど悪霊の介入の仕方と同じように、生活の中に潜んでいるのです。

このような状態にある人を外面で判断すると、「確かによい人だけどそれだけの人なんですよ。いったいあの人は何をしようとしたのでしょう。何故あのような大きな使徒的計画をはじめたのでしょう」などなど…。誰も彼が聖なる人などとは思ってもみません、むしろちょっとおかしな人ではないかとさえ思います。このように出来事の自然的要因は内的苦しみをすべて覆ってしまいます。

このように浄化は生活の中に潜んでいるので自然的要因、まったく自然的原因によって起こる出来事が、神から来る出来事としてとらえられない限り、霊魂の深い浄化のために役立つことはないでしょう。神のなさることは出来事の中に潜んでいます。神によってなされたこととは思い難い、少なくともそのようには見受けられません。しかし、ある出来事をその当事者が神からのものとして受け止めるなら、これは浄化となり得ます。このように浄化は生活の中に潜んでいるのです。

―精神的孤独―

浄化は一人ひとりにとって特別な様相をとるので個人的です。というのはわたしたちの罪はとても個人的で、それぞれの様相をとりますから。神は火をもって浄化なさいます。この火はわたしたちそれぞれがもっている特殊な様相の罪を浄化しに来られるのです。

この浄化は個人的なので、それぞれの個人的闇のうちで通常浄化されます。わたしたちにもたらされる事柄、悪、苦しみ、出来事などが外面的には同じようであっても浄化そのものは一人ひとり違います。それで、その苦境、苦しみにおいてわたしたちは孤独なのです。他の人々から孤立しています、その人自身が苦しみを背負わなければなりません、ヨブが全く孤独であったように。

アルル博物館の管理人がある時一つの石棺について話してくれました。現在は壊れて破片になってしまっていますが素晴らしいものです。そこには堆肥場のヨブが描かれています。ヨブの妻が棒の端につけたパンを彼に渡している場面です。ヨブの孤独な状態…妻は夫の所にパンをもっていきたくないので、棒の先端にパンをつけて渡しているのです。

このようにヨブは全く孤独です。ほかの理由もあるかもしれませんが、妻は自分の身を守るために、棒の先にパンをつけて夫ヨブの所に持っていきます。聖テレサは孤独のうちに耐えた苦しみについてよく強調します（『自叙伝』28章、30章）。牢にいた十字架の聖ヨハネはみんなから非難され、見放されて孤独のうちに苦しみを耐えました。この道を通るものは苦しみがさらに強化されていく孤独を耐えなければなりません。このように浄化は個人的なのです。

―「わたしの平和を与えよう」―

この哀れな霊魂をもし真理のうちに見つめないならば、わたしたちはこの人は地獄にいると思ってしまうでしょう。いいえ、これは単に煉獄なのです、平和のある煉獄なのです。ジェノヴァの聖カタリナは煉獄では平和が統治していると言っています。それはどういうことなのでしょう。苦しんでいる人も苦しみに満足さえしているのです。その苦しみが道理にかなっていて、何を自分にもたらしてくれるかわかるからです。すなわち、その苦しみは永遠の命をもたらしてくれます。なんといっても永遠に比べれば、この苦しみはいっときのことなのです。

ですから暗夜のうちにある霊魂は同時に平和のうちにあるのです。このことは病理的な場合とはちがって、浄化のこの状態を特徴づけています。確かに気の毒な人だと思いますが、神とある種の継続的接触がある人なのです。まず、ときどき特別な恵みは太陽や光をもたらします。それに加えてこのような状態においても通常平和、ある種の神の現存を体験します（『暗夜』Ⅱ・11章）。頑固ですが、そんなことには本人は気づいていません。ですから彼に同情しても少しだけにしておきましょう。というのも彼は前進することを知っていますから。あまり同情するとその人は何かを見つけたと思い、それで満足してしまいます。自分が不幸で道に迷っているとはなかなか認めないでしょう。

―生ける水を求める鹿のように―

霊の浄化の目的は霊魂にとって何なのでしょう。もちろん、浄化されることです。恵み、愛がもたらされると霊魂の病理的傾向は打ち砕かれ浄められ、意志のうちにあったひびはふさがれます。この人を強化しに来られる神の愛はこれらのひびを修復するのです（『暗夜』Ⅱ・11章）。

この浄化、この苦しみは対神徳、特に望徳を育てる目的があります（21章）。望徳は前進する徳で、わたしたちの超自然的生活の翼といえます。その目的は活力を増し、神への歩みを加速させるのです。タウラーは鹿が犬に追いかけられ、噛みつかれると生ける水の源へとさらに急いで進んでいくと言っています。このように霊の浄化は神への歩みを加速させ、霊魂の活力を強化させるのです。こうして対神徳の浄化、霊魂の可能性を増すことは近づいてきた神との一致への最後の準備となります。

これらのことに関してあまり詳細にわたって述べることは、慎みたいとおもいます。人によって異なりますから。さまざまな病気、身体的あるいは心理的な面において、とりわけ精神病や、少なくとも病理学的なケースに類似しうるのです。『わたしは神をみたい』において病理学的ケースを除外しました（『JVVD』803～815頁）。両者は時として不思議なほど類似しており、また同時に起こり得るからです。精神機能が大きく揺さぶられるようなショックで精神的均衡が危険にさらされる場合があります。サレジオの聖フランシスコの試練について、また外的に均衡を失った人たちについて聞いたことがあると思います。内面の状態が顔に現れ、深い苦しみのしるしが見受けられます。

以上が否定することのできない霊の浄化についてです。この浄化はわたしたちを神との完全な一致に準備します。

第四部　愛に似たものとなる

恵みの完全な開花

浄化はわたしたちを愛の山頂へと導くはずです。山頂はどの側面を眺めるかによって様々な名前が付けられます。たとえば変容の一致、また聖テレサはこの山頂で何が実現されるかをシンボルで表して、霊的婚姻と呼んでいます。十字架の聖ヨハネは、愛に似たものとなる一致と呼んでいます。いずれにしても同じ現実を表しているのです。

1　神との一致

—人によって異なる聖性の度合い—

愛である神と完全に一致する山頂で、わたしたちは神の子として「神との関わり」を実現することになります。洗礼のとき受けた恵みの可能性がすべて実現し、完成されるということです。この恵みは、種やパン種のように成長する可能性を内に秘めています。からし種はうちに成長する力をもち、ある背丈に達するように定められています（マタイ13・31～33）。

わたしたちが受けたこのような恵みは、どの人にとっても同じですが、それぞれの可能性は違います。この恵みが完全に成長して変容の一致にいたる過程をはかることはできないし、終わりがいつなのかわかりません。神との一致の度合いは人によって異なります。「わたしたち一人ひとりに、キリストの賜物のはかりに従って、恵みが与えられています」（エフェ4・7）。高い聖性に呼ばれている人には、大きな木に成長する種が与えられており、他の人には茂みになる種、あるいは草の種であったりします。それぞれの聖性の度合いは異なるということをはっきりさせておきましょう。神との一致には異なる段階、程度があるのです。

この神との一致、わたしたちの恵みの完成にはそれぞれちがった色あいがあります。恵みの完全な成長という点に関してはみんな同じですが、それぞれの恵みは経験や使命のちがいからその色あいは異なってきます。

つまり、わたしたちは一人ひとり驚くほどちがうということを忘れてはなりません。同じ召命、同じ霊的糧を受けて一緒に生活していても、それぞれ異なりさまざまな恵みを受けています。しかし、このような多様性にこだわらないで、共通の特徴、少なくともすべての人に顕著な特徴、山頂に到るために受けている恵みの共通点を見出すことにしましょう。

―人間に与えられたすべての能力に及ぶ―

よく覚えておきたいことは、変容の一致とは、霊魂における神の命の完全な成長、すなわち神の子としての神との関わりの実現であるということです。わたしたちに与えられている恵みはパン種（マタイ13・33）のように成長し、人間の能力に浸透して、その能力を無能にするのではなく、むしろさらに高めるのです。これが変容の一致です。

神の命への参与である恵みは、わたしたちを神の子とし、みことばであるキリストと似た者としてみことばに参与させてくれます（ヨハネ1・12〜16）。わたしたちのうちで神と「子」としての関係をもたらします。恵みは深みにおいて霊魂を支配し、さらにわたしたちの知性、意志などを特に対神徳によって整えるのです。

接ぎ穂は、必要とするエネルギーを知性、意志などから吸収するだけでなく、それらの能力を支配し、接ぎ穂の活動が主となってきます。こうして知性の活動は信仰の働きの下にあり、その結果信仰が接ぎ木される知性は、信仰の働きに支配されるのです。同じように意志の活動は対神徳の愛の働きのもとにあります。知性は完全に信仰に、意志は完全に愛に変えられてゆきます。

十字架の聖ヨハネは想像と記憶の能力は他の能力より扱いにくいとはっきり言っています。それは対神徳の影響からまぬがれようとする移り気な能力だからなのです。特に望徳は記憶と想像を思いのままにして変容させたいのです。

以上述べたことは恵みの充満であり、人間のそれぞれの能力のうちに神的なものが成長することを表しています。十字架の聖ヨハネはこれらの人間の諸能力が対神徳により整えられる、ということは聖霊によって支配されていると言ってはばかりません（『愛の生ける炎』第三の歌）。霊魂のうちにご自身住まわれる聖霊は、既に浸透していた恵みによって諸能力、特に意志を完全に制しました。十字架の聖ヨハネは意志の行為は山頂にたどり着いたと言っています。そしてこの山頂に至ったものの行為は全く神的であり、同時に人間の行為として留まります（『愛の生ける炎』第一の歌）。神学的に、キリストの行為は神性と人性の行為だと教えていますが、霊魂に関してはそうではありません。神ではないのですから、でも人間の諸能力は神からかなりな影響を受けているのです。

―「わたしたちはその人のうちにとどまる」―

「もはや、わたしはあなた方を僕とは呼ばない。…わたしはあなた方を友と呼ぶ」（ヨハネ15・15）。主が恵みについて弟子たちに話されたことが実現します。わたしたちはもはや神の僕ではなく神の友なのです。感動的なことは、ここにおいて聖テレサが言うように神と霊魂は代わるがわる要求し合い、ともに分かち合うようになります（『完』24章）。このことから霊魂の強さが、さまざまな仕方で、外的な事柄に関してさえも示されることがわかります。しかし、恵みの発達と神化されることからすれば何も驚くことではありません。洗礼の恵みの開花、神の子となった恵みの完全な開花は、わたしたちを神化するのですから。もちろん、神のみことばであるキリストとは異なりますが、恵みによって神化する聖人は神に対して力をもつことができ、互いに要求し合うことができるのです。

その上、「わたしを愛する人は、わたしの父に愛される。わたしもその人を愛して、その人にわたし自身を現す」（ヨハネ14・21）と、主は言われます。そして「父とわたしとはその人のところに行き、一緒に住む」（ヨハネ14・23）と、付け加えています。主は約束されたようにご自身を現されます。そこに神の体験があるのです。これは特別な恵みではなく、通常の恵みの範囲内です。とはいえ危険でもあるので、たいていの場合、このような体験に重きを置かないようにします。しかし福音は「わたしを愛する人のうちにわたしたちは行って住まい、その人に自分自身を現す」と言っています（ヨハネ14・21）。

ここであまり分析するつもりはありませんが、何が特徴づけられるか簡単にみてみましょう。霊魂の本質である恵みの充満は、わたしたちにとって計り知れない神秘です。恵みとその霊魂内の成長は、わたしたちにとって神と同じぐらい神秘です。天国での至福直観はわたしたちに神がどのような方であり、わたしたち自身が超自然的にどんなものであるか、わたしたちの恵みがどのようなものなのかなど示してくれることでしょう。

―神秘に魅せられて―

わたしたちのさまざまな人間的能力はどうなっているのでしょうか。信仰は知性を制し、知性に浸透し、知性を照らします。知性が光を必要としているということをわたしたちは体験から知っています。暗い光、神の光に魅了されているようです。それは神の光なので、知性にとっては闇の光です。信仰はあまりにも生き生きとしているので、知性に大変強く働きかけることができるようになったということができます。すると初期の働きと反対の動きをもたらすようになります。

最初、知性は闇が気に入らなかったので、信仰を払いのけました。知性ははっきりした真理のために存在するのですから、闇は知性に向いていません。けれども今は反対です。信仰が知性を引き寄せます。信仰は、知性が体験を通して闇に渇き、闇を必要とし、闇に魅了されるようにするのです。

霊魂において、知性に働きかける信仰は聖霊の賜物（上智の賜物）によって照らされ、その同じ本性によって知性を照らします。こうして信仰によって、神のうちに浸透してゆきます。通常この時、神についてのある知識、何らかの知覚を得ます。聖テレサは示現という言葉を使うことを躊躇しません（『霊魂の城』第七の住居1章）。それは至福直観ではなく、特殊な恵みでもありません。神についてのこの示現は、ほぼ継続的に神にすべてを明け渡す信仰によって、そしてまた自分のうちに深まる渇きによって体験します。それは三位一体の神、おん父、おん子そして聖霊だと聖テレサは言っています（『霊魂の城』第七の住居1章）。三位一体の教義を理解しているとは言っていませんが、同じ神性をもち、それぞれが異なるペルソナである三位一体を見ると聖女は言っています。どのようにしてわかるのでしょう。確かに鮮明にではないのですが、聖女は三位一体を見るとはっきり言及しています。

他の人にとっては、聖テレサのように、三位一体ではないでしょう。十字架の聖ヨハネにおいてはむしろみことばの体験、みことばの闇の知識であることをわたしたちは知っています。自分のうちにみことばが眠っておられるのを見ます（『愛の生ける炎』四の歌）。

幼きイエスの聖テレーズの場合は愛。1895年6月9日慈しみの愛に身をささげた数日後、十字架の道行をしていたときに受けた恵みでした。「それ以降わたしは愛に浸透され愛がわたしを覆う」と言っています。これはある体験を示しています（『自』A84）。彼女はいつも愛のうちにいるかのようです。この愛の体験は聖霊の体験であり、この炎は毎瞬彼女を清め、常にそのうちにとどまらせます。とはいえ、苦しみ、不安、闇、光、平和、喜びをテレーズは受諾し、それらが混合しています（訳注：テレーズの詩および最後の数月間姉たちが記録したテレーズの言葉に読み取ることができる）。

しかし、覚えておかなければならないのは、神は知性を魅了して、ご自分の方へ導き、神の方に向かう必要性を感じさせて神への渇きをもたらすということです。この観想はそのまま続くのでしょうか。それはわかりません、たぶん…。以前に、聖霊の上智の賜物の体験の一部として渇きについて話しましたが、今はそれが継続的体験となり、霊魂は神のうちにあり、神のうちに沈んでいます。このような状態において、聖トマスが言うように、霊魂は永遠の命を必要とします。この永遠の命の必要性と渇きは、他の印象によって中断されることはあっても、多分断続的かもしれません。ここで霊魂は永遠の命に渇き、永遠の命を熱望します。「わたしの魂は生ける神に渇く」(詩編42・3)「神に、命の神に、わたしの魂は渇く」(新共同訳)とあるように。

知性を補って神に向かおうとする信仰は既にかなり満足し、通常は穏やかです。といっても信仰に関する誘惑はあり得ます。とにかく霊魂は生ける泉を、永遠の光を、信仰に変わる至福直観を熱望しているのです。

―愛の完全な一致―

意志には愛が浸透してゆきます。神の意志と人間の意志は、互いのうちに融け合って、一つのことだけを欲しています。意志の一致の状態において、意志は既に神の意志に服従しています。人間の意志は神の意志に服従して、通常柔軟です。神へ向かい、神の意志に一致しています。

このような人に関して特にこの人の意志について、聖テレサは霊魂と神とはちょうど2本のローソクのようだと言っています。2本のローソクの光は一つの炎となります。また、他の類似を使って水に浸ったスポンジのようだとも言っています。神に全く浸っていて、ちょうど海に浸っているスポンジのようです。聖テレサは神と人間との一致の完全なたとえを捜します。二つの炎が全く一つの炎となるのは、神との一致がどのようなものであるかをほんの少し表現するシンボルとなります。変容の一致、完全な一致ですが、でももちろん相互の違いは残されています。三位一体、またはおん父、おん子の知的示現など、それはその人に与えられる恵みにより異なります（『JVVD』977－978頁）。ある人たちにはむしろ聖母の発見であるかもしれません。一人ひとりは異なり、その恵みも違うのです。

2　教会のために聖霊にとらえられて

こうして意志と知性は対神徳によって超自然の領域にすっかり浸されていますが、行動に関してはどうなっているのでしょうか。

―心理的逆転―

行動はもちろん聖霊によって制されています。聖霊はその人を制し、心理的逆転をもたらします。通常外から感覚などによって光（刺激）を受けて、印象、知覚、考えなどが引き出されます。この外的光の源はそのまま存在しますが、同時に内面の光の源も存在しているとあえて言いましょう。外的光は存在し、その人はそれをはっきりと見、外的世界から切り離されているのではないのです。外界の光が閉ざされているのではありません。けれども聖霊の影響は、その賜物によって人間の能力に働きかけ、確かに意志を動かし、知性に関しても聖霊の光をもたらします。二つの源が存在するのですが、最も深い影響は内的光である聖霊であり、この聖霊がすべてを統合し、すべてを活性化するのです。

『わたしは神をみたい』（『JVVD』）の中でこの状態、心理的逆転について説明を試みましたが、難しいです。このことについて考えるとき、内面からと外側からの二つの動きのようにとらえがちです。「心理的逆転において聖霊によってのみ生きるのですか」というような質問も受けます。聖霊によって生きるのですが、同時に外的世界においても生き続けます。十字架の聖ヨハネが窓とか雨戸と呼ぶ感覚を閉めてしまったのではありません。けれども聖霊の働き、聖霊の促し、聖霊の照らしが支配的になるのです。この人の行動は聖霊から霊感を受けているので全く神的であると十字架の聖ヨハネは言っています。

―愛による使徒職―

聖霊はこの霊魂にご自分が望むことをさせ、使命を与えます。『わたしは神をみたい』（1040―1045頁）では使命をまず外から与えられる使命としました。たとえばギデオンは遣わされました。「主は言われた、『あなたはイスラエルをミディアン人の手から救い出すことができる。わたしがあなたを遣わすのではないか。』」（士師記6・14）。彼はその使命をそれに適した恵みを受けて成し遂げます。しかし、その恵みは、いわば外的なものとして留まります。それはカリスマのようです。カリスマは周囲の人々のために与えられるものであり、その人自身の成聖の恵みに対し、少なくとも直接には影響をもっていません。

ここではこの人は聖霊の光と導きによって使命を実現するので厳密な意味で、その使命は課せられた義務ではなく、聖霊がその人を内からうながし導きます。この霊魂は恵みの充満によって、聖霊に素直に従って使命を実現してゆきます。司祭職はキリストの位格的一致に基づいています。キリストは「人間―神」であるために司祭です。つまり神性と人性をもつことによって仲介者（祭司）です。しかし、司祭職を受けた者は、聖なる油の塗油によって、聖なる印が刻み込まれたことから、効果的に司祭職を果たすのです。しかし、司祭職を続けるなかで、司祭職が単に聖なる印が刻み込まれたことによって行使されるのではなく、聖霊が司祭に祭司としての使命を遂行させるために与える恵みの充満によって行使されるようになります。そうなって初めて、真に司祭職が実現されます。もちろんそれは位格的一致に至るものではありません。ある意味で、司祭の恵みには、司祭としての役割と司祭自身の間に大きな隔たりがあり、それは全く当然のことです。その後も、司祭職と司祭自身とが全く同格になることはありませんが、恵みがその差を多少なりとも縮め、役割の高さにまで恵みが及ぶことになるのです。司祭は司祭職を通して聖なる者となることが求められます。祭司キリストを、その人性と聖性をもったありのままのキリストを眺めることが要求されます。そのキリストの方向に進まなければなりません。

この段階では、観想と活動がどのようにして共に進んでいくかを説明する必要はないでしょう。わたしたちの知性、信仰を満たすのは、常に同じ聖霊であり、同じ恵みの充満なのです。この恵みの充満は神へとわたしたちを方向付け、神へと導きます。念祷をする必要がないとさえ言いましょうか。霊魂は通常念祷をしているのです。自然にではありませんが通常そのようにするのです。自分のうちに見出す力、超自然の力、信仰などは神の方へとその人を導きます。神へ向かわないということができません。彼の知性は他に考えなければならないことがなければ、つねに神のうちにあります。通常強い信仰によって、霊魂の能力は、神に渇き、魅了され、ひきつけられています。

意志に関しても同じことが言えます。意志のすべては神の愛に浸っており、愛徳に浸っています。神のみ旨を完全に果たそうとする愛の重みに支えられ、巻き込まれています。神がその人をそのように行動させ、するべきことを実現させるのですから、その人は役に立ちます。完全なものとなるための愛の行いには神の助けが必要であるとわたしたちは知っていますが、この助けはこの段階において、霊魂の柔軟性と神への愛と神からの愛の相互の愛によって完全に保証されているのです。

―同等の愛―

十字架の聖ヨハネはこの段階では霊魂と神は、ある意味、同等の愛で愛すると『霊の賛歌』で言っています。神が与えてくださるすべての愛でその人が愛するということは、神のように無限に愛するということなのでしょうか。このような思い違いがときとしてあります。そうではありません、次のように言うべきでしょう。この状態において霊魂は自分のうちの愛の充満によって神にすべてをささげます。自分のすべて、神から受けたすべてを神にささげます。霊魂は「神を神に与える」と十字架の聖ヨハネは『愛の生ける炎』で言っています。神はご自身を霊魂に与えました。そのすべてを霊魂は神にささげます。自分には何も残さずすべてを神にお返しするという意味において、愛の等しさ、同等性があるのです。十字架の聖ヨハネの言う愛の同等性とはこのようなことです。

3　十全なあがない

―体験された愛―

霊魂はどのような体験をするのでしょう。この体験は人によって大変違うことがあるとすでに「知性の示現」、「信仰の知覚」のときに述べました。この体験は霊魂の質と神の意志によって異なります。霊魂は意志のうちに愛の充満を感じているでしょうか。そうです、感じているはずです。ある意味において、感じないということはできません。このことは聖テレサ、十字架の聖ヨハネ、幼きイエスの聖テレーズそして他の聖人たちにおいて見受けられます。「神の慈しみを永遠に歌いましょう」（『詩』89、88・2）。神への帰還、神への愛――もちろん神からいただいた愛――へ立ち戻ります。

でも、この体験は常にあるのでしょうか。特に十字架の聖ヨハネを読むと霊魂はこれ以降平和のうちにあり、もはや動くことなく、その時からもう欠陥、恍惚、困難などはないと述べています。何故でしょう。それは自分の内で愛に浸り、喜悦のうちに、神に浸りきっているからです。

しかし、これらのことを絶対的な意味にとらない方がよいと思います。確かにこの愛の充満である変容の一致において、霊魂はバランスを見出しました。霊魂は自分が不幸だとは言わないでしょうし、神と顔と顔を合わせてみる神の充満以外、何かが欠けているとは言わないでしょう。超自然、霊的な事柄は霊魂を真にバランスのとれたものとしたのです。しかし、霊魂の渇きをすでにうるおし、満たした神の体験は、霊魂が教会のなかで必ずもっている使命を伴っています。それはどのような使命なのでしょう。

―苦しみの使命―

活動における使命のことでしょうか。そうです、それは骨の折れる使徒職です。この段階の霊魂を悪魔はおそれているとすでに言いました。先に嗅ぎつけられてしまいますから、もはや悪魔はこの人を惑わすことができません。けれども使命を果たすにあたって、骨が折れるようにすることはできます。

高い至福のこの状態について話すとき、わたしたちは主、聖母、そしてたいていの場合愛の山頂で苦しみはじめた聖人方を十分眺めません。彼らは司牧や使徒職で困難や苦労にであって、世の罪を担います（ヨハネ1・29）。悪霊は、害を与えることによってこの人を打ち負かすことはできなくても、この人に何らかのダメージを残すことはできます。主にしたようにです。悪霊はすべてを結束して彼らに向かっていきます。神の恵みの充満は、彼らを苦しみや困難に対して無感覚にするわけではありません。人々はときとして、聖人たちはいろいろなことを超越して、親の苦しみ、家族の苦しみなど何も感じないと思っています。そんなことはありません。実り豊かであるためには苦しみが少ないとは言えない使徒職の上に、神はさらに人々の罪を負わせることもあります。こうして主がされたように世の罪を背負って、神秘体の建設のために働くことになります。

―テレーズの最後の浄化―

このような苦しみを幼きイエスの聖テレーズの生涯の終わりに見ることができます。このことをテレーズはよく理解していました。彼女の生涯の終わりに信仰に関する誘惑には浄化が確かにあったように思われます。聖人たちについて話すときあまり断言しない方がよいとは思いますが。浄化において何が起こっているのか十分に見極めることはできません。しかし、テレーズの信仰に関する誘惑はとくに天国に関してでした。天国は彼女にとって完全に閉ざされていたと言っていました（『自』原稿C）。

テレーズは幼い時から天国志向で、それによってかなり支えられていました。

亡くなった兄弟たちを「わたしが呼ぶと助けに来てくれる」と言っていました。また聖母とも親しくしていました。何かにつけて天国に助けを求め、助けられていたようです。そこには天国への愛着のようなものがあり、それが浄められる必要があったのかもしれません。たぶんそういうことなのでしょう。とにかく彼女の生涯の終わりに天国は閉ざされました。「彼らに呼びかけますが、もう応えてはくれません。わたしがどこまで忍耐するか見届けたいのでしょう。」それまで大きな支えとなっていたものは取り払われてしまいました。それはある浄化作用だといえないでしょうか。罪を消すのではありません。浄化は罪を消すのではなく、それまで楽しみ愛着していたものを失い、断たれ、さらに洗練されることなのです。

―世の罪を背負う―

「罪人たちの黒パンをわたしは食べているのです」とテレーズ自身言っていま

す（『自』原稿C）。黒パンとは現代の不信仰であることは明確です。彼女はわたしたちの時代を生きていて、その使命をもっていました。後日彼女がまき散らすことになるすべての光を先取りしなければならなかったのです。主は、孤立、孤独、ゲッセマネとカルワリオの内的苦しみによって、わたしたち一人ひとりのために、み心からあふれ出るはずの愛のすべての流れを獲得されました。そのことをわたしたちは幼きイエスのテレーズにおいて見、感じます。

アビラの聖テレサもまた苦しみました。プロテスタントのため、フランスのために苦しみました。アメリカのために苦しみ、涙し、嘆いたと彼女自身言っています（『完徳の道』1章）。もちろんこの苦しみはすでにあがないの業でした。ある著者たちはあがないの業の後に浄化はないと言います。しかし、わたしたちにとって浄化とあがないは同時に存在しうるように思われます。わたしはすべての浄化の苦しみは同時にあがないの業であると思います。意向によって、またわたしたちがささげる行為によってあがないでもあると思うのです。そうでなければ、わたしたちは決してあがないに参与することはないでしょう。（あがないとここでいうのは主のあがないの神秘、十字架上の死によって神の命が注がれることへの参与）…そうでなければ、わたしたちには、償いということが決してないかもしれません。
人生の最期に人々の状態――愛の山頂に達した人たちでさえ――はとても違っているでしょう。霊魂の状態は、恵みの充満、あるいは厳密な意味での恵みの欠如によってすべてが決定されるのではなく、使命や使徒職によって決定されます。ですから彼らは異なっているのです。アルスの司祭（ヨハネ・マリア・ヴィアンネ）をごらんなさい。彼が罪人のために苦しんだのは確かです。（そのことが彼の使命だったでしょう。）「なぜ、あなたは泣いているのですか」とたずねられたとき、「あなたが泣かないからです」と彼は答えました。人々の罪がヴィアンネを打ちのめしていたのです。

4　山頂を眺めて

十字架の聖ヨハネと聖テレサは、山頂に到着する前に、霊的婚約と霊的婚姻と彼らが呼ぶものを区別しました。『わたしは神をみたい』では「霊的婚約と霊的婚姻」（『JVVD』七章）と「変容の一致」（八章）とを二つの章に分けました。それは、聖性のこの高い領域においての十字架の聖ヨハネや聖テレサが示す体験を明示したかったからです。「変容の一致」では何が本質なのかを示しました。ですから八章「変容の一致」に関する章は七章よりも重要なのです。といっても第七章を無視してよいわけではありません。このように扱った理由は、人々は聖人たちの生涯のなかで、霊的婚約と霊的婚姻にのみ注意を向けてしまいがちだからです。それが本質的な事柄だと考えてしまい、現象や感覚的恵みを現実より重要視してしまいます。そうすることによって伝記作家たちは霊的婚姻を捜すことになり、愛の山頂とは何であるかをとり違えてしまうことになります。

―聖テレーズの模範―

幼きイエスの聖テレーズの場合もそうでした。テレーズがいつ霊的婚姻に達したのか、変容の一致に達していたかと、さかんに議論されました。わたしは一九二七年リジューで十字架の聖ヨハネの祝日前三日間の説教をしたことがあります。当然のこととしてわたしは幼きイエスの聖テレーズについて話しました。後半の説教で幼きイエスの聖テレーズにおける変容の一致と聖テレサの第七の住居を比較検討しました。幼きイエスの聖テレーズにおいても本質的なことは実現していたので、それは必要だと思ったからです。

その説教が終わると見知らぬ一人の司祭が近づいてきて、三日間の説教についてさまざまなほめ言葉を述べましたが、それはすべてある点にたどり着くためでした。「昨日の説教で、幼きイエスの聖テレーズの体験は大聖テレサの第七の住居、十字架の聖ヨハネの愛の山頂に匹敵するとおっしゃいましたね。」「そうだと思いますよ。」「でも、どこでそれを見つけられたのですか。」「見つける必要はありませんでした。それは明らかなことです」と答え、明白と思われる二、三のしるしをあげました。「でも、こういう記事をお読みではないようですね。」この記事と示されたのは、変容の一致の現象の体験を描写したものでした。「確かにその記事を読んではいませんでしたが、十字架の聖ヨハネ、そして聖テレサの第七の住居はたびたび読みました。それで充分です。それは同一の現実だとわたしは思っています。もし物事の本質に迫るのなら、それは全くの事実としての三位一体の体験、溢れ出る愛の充満…聖テレサにおいてこれ以外の本質はありません。」

もちろんこの答えをきいても彼は全然納得しませんでした。さまざまな記事をもっていましたから！　変容の一致において、現象を本質と区別しなければなりません。けれどもこのような説明は気に入らなかったようで、彼から苦情を聞かされました。これを機に、わたしは自分が間違っているのではないかとこの問題に関して真剣に取組み、新たに調べ検討しました。彼はこうしてわたしを小心にさせることに成功しました。時として小心はためになります！　しかし検討後、同じ現実であると確信しています。ということで、「霊的婚約と霊的婚姻」と本質的な「変容的一致」の二章にしたのです。

―変容の一致における平和―

変容の一致は霊的婚姻より福音的だといえるのではないでしょうか。主は弟子たちに霊的婚姻を約束しませんでした。天国に入るのにそのような美しい儀式を約束しなかったのです。結婚の行列をするよう提案もしませんでした。霊的段階のすべてに現象を結び付けることによって混乱が起きるのです。

もちろん、変容の一致は見分けにくいのは確かです。変容の一致の効果は平和なのですが、その平和が断続的だからです。霊的婚姻と変容的一致においてでさえ、その人の使命や苦しみによって難しい状態がありえます。前述した幼きイエスのテレーズの生涯の終わりの出来事は特徴的です。

聖テレサは次のように記しています（『霊魂の城』第七の住居2・10）。

能力や感覚や欲情がみな、いつもこの平和のうちにとどまると思ってはなりません。――霊魂自身は、そう、平和にとどまっています。でも、ほかの住居では、戦いのときも、労苦や疲労のときもないわけにはゆきません。ただ、ふつうそれは、霊魂の平和を奪ったり、霊魂をそのいる所から引き出すようなものではないのです。わたしたちの霊魂のこの核心、あるいは霊魂のこの霊は、言い表すのが、そして信じることさえ――、実にむずかしいものです。

アビラの聖テレサは霊的婚姻の平和はいつも同じではなく揺れ動いていると言っていますが、十字架の聖ヨハネは変わらないと言っているようです。しかし、幼きイエスのテレーズのように、その人の使命の難しさのために平和は波のように揺れ動くことがあります。

―愛の二つの動き―

天国を熱望する十字架の聖ヨハネに戻りましょう。特に最期のころの彼の熱望は、さらに高い観想へとあげられることでした（『霊の賛歌』34～39）。彼はそれだけを強調し、他方聖テレサは実行（『霊魂の城』第七の住居４）を強調しています。それはそれぞれの召命によるのです。愛には二つの動きがあります。神へ向かう対神的動きと教会へ向かう横の動きです（マタイ22、37～40）。人によってどちらの動きが強調されるか、それは当然違ってきます。どちらが完全なのでしょうか。完全さはエンジンの強さ、本質である命の強さにあり、それは後になってわかることなのです。

花よめは、非常に広大な神的交流と知識とを願った。この交流と知識の偉大さ崇高さに順応した愛で愛するため、極めて強く、極めて崇高な愛を必要とする。それで花よめはここで、これらの交流や知識が完成された完全な強い愛のうちに与えられることを願っている。（『霊の賛歌』39・13）

主とたえずご一緒にいれば、自分のことをほとんど考えないのは当たり前ですから。考えのすべては、どうしたら主をお喜ばせできるか、何をどのようにして、主に自分の愛をお目にかけようかということに集中しています。

これこそ念祷の目的です。このためにこそあの霊的婚姻が役に立つのです。霊的婚姻からはいつも実行が生じます、実行が…。

（『霊魂の城』第七の住居4・6）

二人の最期を見てみましょう。聖テレサは自分の霊的娘であるバルトロマイのアンナの腕のうちで最期の息を引き取ることを望みました。（訳註：看護係であり聖テレサから信頼されていたアンナは、病人テレサのそばを離れることなく看病していた。少し休んで食事をするように言われたアンナが部屋を出ようとしたとき、それに気づいたテレサはアンナを呼び戻した。テレサの死後、バルトロマイのアンナはフランスとベルギーの改革カルメル会修道院創立（一五四九～一六二六）にたずさわり、福者に挙げられる。）

十字架の聖ヨハネはどうしたでしょうか。修道士に雅歌を読ませて天国へ旅立ちました。どちらがより高所へ上ったのでしょう。それはわかりません。

このようなことをとり上げるのは、現象と本質とを混同しないことを学ぶためです。本質は恵みであり、恵みの動きなのです。山頂を眺めるとわたしたちが霊魂において何を成長させなければならないかを知る助けになります。現象や神秘的恵みが問題なのではなく、恵みそのものの成長、その本質における成長なのです。すなわち恵みの本質である神を探し求め、神に触れることです。同時に秘跡を通して神の命をいただくこと。これこそ最も貴重なことなのです。

—すべての人は聖性に招かれている—

山頂を眺めるなら、わたしたちもそこにたどり着けるようにと、神に願わずにはいられません。でも、わたしたちはみなこの山頂、神の愛に変えられる変容的一致に招かれているのでしょうか。もちろんのことです。トウモロコシの種を土に蒔くならその穂は芽を出すでしょう。これほど明白なことを証明する必要はありません。ポプラの小さな種を蒔いたらポプラの樹に成長するでしょう。それは確かなことです。神の子となる恵みは成長すれば開花するようになっています。ですから開花するかしないかなどという議論は無駄です。神の子の恵みは開花し、聖性に達するのです。

わたしの恵みはどの程度なのでしょうか。それはわかりませんが、死を迎えるまで成長し続けることはたしかです。今まで見て来たように、山頂にたどり着いた後もさらに続きます。十字架の聖ヨハネは霊的婚姻、変容的一致の後にも、それまでよりさらに成長すると言っています。その後恵みが再び降下するようなら絶頂ではありません。

『霊の賛歌』において、この世の中で達しうる限りの完徳の最も完全な段階、すなわち、神における変容について述べましたが、この詩は、変容のその同じ段階における一層完全な愛について述べています。なぜなら、あの歌やこの詩が述べているのはすべて変容の段階であり、このような状態においては、もうそれ以上にこえることはできないに違いありませんが、それでも、わたしが言うように、時間と修練とを重ねて、愛においてもっとはるかに自己を高くし充実させることができるからです。

（『愛の生ける炎』第一の歌）

わたしたちは自分のためにも他の人たちのためにも恵みを疑ってはいけません。聖テレサは霊的指導者に慎重であるように勧告しますが、初期において「大きな望みを消してはいけない」と言っています（『自叙伝』13章）。その人が外見的にどんなであっても、また利口でないとしても、恵みが成長して真の聖人になることの妨げにはなりません。聖人になれないということはないのです。蒔かれた種が成長して愛の山頂において開花するのを眺められないのはとても残念なことだと思います。羽をむしりとり、飛び立とうとする抱負を切り落とすのは、傲慢という口実のもとに、飛ぼうとする勢いをくじくことです。種が、もしポプラの種であるならばポプラの樹になろうとするのは決して傲慢ではありません。当たり前のことです。

…わたしは念祷はしていましたが、自分の好みに従って生活していました。そうです、もしも、どなたかわたしに飛ぶことを手伝ってくださる方があったなら、わたしはきっとこれらの大きな望みを実現するように努力したに違いないと思います。しかし、わたしたちの罪のため、この点についてあまりにも慎重すぎるという欠点をもたない指導者はまれです。わたしの考えでは、初心者たちが高い完徳に、もっと早く達することを妨げる十分な理由がそこにあると思います。主がわたしたちをお助けにならないというようなことは決してなく、わたしたちがすみやかな進歩をしないのは主の責任ではありません。それはわたしたちが主の恵みに応じないで、不忠実であるためです。

（『自叙伝』13章）

―隠れていても実り豊かな聖性―

恵みの充満、素晴らしい調和のあるこの山頂についてまだいうことはあります。わたしたちそれぞれが与えられた恵みに応じた山頂に到達したことが、この世においてわかるのでしょうか。それは常に神秘です。たいへん高い聖性に達した人に近づいたことがあるかもしれません。何が最も高いのでしょう。誰が聖人なのでしょう。それは神秘なのです。神には神の計らいがあります。天国に行くまで神秘であり、この世においてはわかりません。

共同体の中であの人は聖なる人だと見受けられ、賞賛されることはあります。素晴らしい人ですし、賜物をもっています。誰が聖人なのでしょう。この人でしょうか。それとも修道院の受け付けの姉妹なのでしょうか。あるいは「あのとても目立たない人」でしょうか。わたしたちにはわからないのです。

わたし自身聖なる人に出会いましたが、本当に聖なる人は幼きイエスの聖テレーズのように大抵の場合、周囲の人たちに知られていません。通常神はご自分のわざをゆっくりと完成させるために、人の目につかないように傘をさしたり、カーテンを引いたりしてかくしてしまいます。

カーテンとは何のことでしょう。ときには悪い性格などで隠して、神は静かにご自分のみ業をなさり、ある時それが輝きでるのです。どのようにしてもたらされたのかわからない性格的な欠点、本人に責任はないが矯正しようと努力しても成功を収めることができない欠点の裏に、素晴らしい業が後日明らかにされるかもしれません。神はご自分ひとりで聖人たちを造られ、完成するのがお好きなようです。ですから周囲の者が手出しをすると神の仕事がかえって損なわれてしまうことがあります。

では、どのようにして聖なる人を発見できるのでしょう。通常、その人の死後に少しづつ発見します。今まで秘められていたものが明らかになるのです。必ずしも教会が列聖する人たちではありません——幸いにもすべての聖なる人を列聖はしません——けれども、このような人たちの執り成しの効果からわかります。「実りによってわかるでしょう」（マタイ7・16）。その証拠はわたしたちに残してくれた思い出、してくれた善、そしてその人が死後なおし続ける善です。

みことばの現存の喜び

クリスマスは、キリストを信じていない人たちやキリスト教の伝統をまだ忘れていない人たちにも、キリストを信じている人たち同様、全世界に喜びをもたらしています。

1　観想家の深い喜び

この喜びが観想家たち、特別にカルメル会においてさらにきわだって表れるのは驚きです。クリスマスの祝日に、十字架の聖ヨハネは我を忘れたかのように変えられていたと言われています。通常彼ほど真剣な面持ちをしている人は他にいないと思われているその人が、霊的な言葉、歌などによって内的喜びをあふれ出るままにしたのです。それはふだんの真面目な生活からの解放的なよろこばしい気晴らし、おそらくごく自然な反応であると考えるかもしれません。

絶えず前進することしか話さず、厳格に生き、聖三位にまで至らせる高い観想のうちに浸っている観想家たちは、また人間的でもあります。とても活気があり、些細なことから解放された子供のようです。それは通常、神に達したという印でもあります。観想の頂きに達し、霊魂のうちにおられる聖三位の示現において彼らの超自然的まなざしは浄化され、キリストの神秘を発見します。あがないの業、受肉などを、単に超自然の現実としてだけでなく、最も人間的な現実において発見するのです。

ちょうどキリストご自身のうちにみる調和を、ここにわたしたちは見出します。真理において、キリストは神であり、人間でした。もし観想家がこの枠からはみ出すなら、たとえば日常の事柄から浮いているとしたら、その人は観想に到達していないし、キリストの人性によって神から湧き出る超自然のまことの愛に出会っていないということができるでしょう。

みことばの到来を前にして、観想家のはじけるほどの喜びには、もっと深い理由があります。喜びは外的表象から生じることもありますが、通常霊魂の深みから起こるのです。なぜなら、そこにこそまことの命があるからです。

クリスマス（イエスの誕生）の神秘は、ご自分のすべてをささげつくされた方の誕生の記念へと、わたしたちを連れ戻します。喜びが、この日、溢れ出るほどにならないはずがあるでしょうか。神のみことばが高みから地上のわたしたちの所まで降りてくださったことを観想して、はじけるほどの喜びにつつまれても不思議はないでしょう。もっと完全な方法でご自身を与えることがあり得たでしょうか。

クリスマスはこれらの神秘を包含しています、神のみことばが人となられました。これは他のすべての神秘のはじまりです。あがない、人類の救いの神秘、聖体の神秘、神秘体である教会の神秘。ですからイエスの誕生の神秘は、他のすべての神秘が存在し、成長するためになくてはならない鎖の一番初めの輪だということができるでしょう。

この地上に神が降りて来られた神の誕生、人類に神性が注がれたとは何という大いなる喜びなのでしょう。はかない汚れたあわれな人間性が、神であり人である方によって聖なるものとされて神の恵みが注がれたのを見て、だれが歓喜しないでいられるでしょうか。

　クリスマスの恵みとは地上の栄光です。人類は神の注油を受け、この注油によってわたしたちの人間性は、父である神の右の座に着くように挙げられました。養子としてではなく、みことばのまことの権利によって与えられたのです。

　そうです、クリスマスとは人間にとって大きな喜びの時です。わたしたちがともに「同じ国籍」を得て共に喜ぶような、あるいは同じ家族のものになった喜びとでも言ったらよいのでしょうか。人類という大きな家族の喜びなのです。人類が神となる喜び、宇宙を造られた方の力と権利を得たのです！

　クリスマスの深い喜びは、難しい神学的説明によってわかるものではなく、自分の内から体験的にわかってくるものです。わたしたちは自分のうちに神を宿しています。霊魂には神が特別に住まわれていることによって、また神から与えられた恵みによって、わたしたちは聖三位の神殿なのです。わたしたちを神の神殿にするこの恵みは神の現存と密接に関係しています。わたしたちのうちにこの神の現存を実現するには、恵みを徐々に成長させるしかありません。

十字架の聖ヨハネは次のように説明します。神の現存は客観的な実在ですが、わたしたちにとっては関わりなのです。神はどこにでも存在し、不動の方です。神は変わることはありませんが、神の現存をどの程度実現するかは、霊魂の深みにおいて神秘である神とさらに個人的に、生き生きとした関係をわたしたちがもつかどうかにかかっています。

「信仰によって、あなた方の心のうちにキリストが住まわれますように」(エフェ3・17)と使徒が言っています。神はわたしたちのうちにおられますが、信仰によってなのです。神とさらに親密な関係を実現するのは信仰によるのです。霊的生活とは霊魂のうちにおいて神との関わりを徐々に実現して内面化していく成長以外の何ものでもありません。

ここでいう神の現存とは感覚や思いのうちでの親密さではなく、現実的な親密さです。考え、思いのレベルにおける外的な関係ではなく、実体的、本質的関わりの親密さのことです。恵みはわたしたちを神化し、わたしたちとみことばとの関係をさらに深いものにしていきます。観想家は霊的生活を深めるのに応じて真の意味において、ますます神の子となるのです。この現存をぼんやりとしてでも感知しはじめ、個人的体験によって実現します。外的に感覚のレベルに溢れ出ないとしても、それは真の体験です。十字架の聖ヨハネは、山頂においてでさえこの神の現存はぼんやりとしたものであり、『愛の生ける炎』では眠っているみことばなのだと説明します。「霊魂における神の眠り」とか「霊魂のうちに眠るみことば」などと十字架の聖ヨハネはこのイメージをよく使います。

この眠りを霊魂はぼんやりと、でも深く、そして確かに、自分のうちに誰かが眠っているようにあるいはそばにいるように感じます。

2　わたしたちのうちにおられる神のみことばの目覚め

しかし、ときとして「みことばの目覚め」があります。この目覚めは霊魂のすべての力をみことばの方へと向かわせ、そして喜びで満たします。けれどもあまりにも素早くなされるので霊魂はその影響だけをとらえます。まぶしいばかりのみことばの目覚め、あるいはほとんど感じることのない目覚めなど様々です。

クリスマスの祝日はこのような目覚めの一つとなり得るのではないでしょうか。少なくとも十字架の聖ヨハネにとっては、それは当然のことでした。

羊飼いや東方の三人の博士たちに示されたのなら、みことばはご自分の花嫁である霊魂に示されないことがあるでしょうか。クリスマスはわたしたちのうちにおられる聖霊を目覚めさせないということがあるでしょうか。

わたしたちの恵みはわたしたちをみことばに似た者とします。わたしたちの恵みは神を父と認めます。「あなた方は神の子とする霊を受けたのです。この霊によってあなた方は『アッバ、父よ』と呼ぶのです」（ロマ8・15）。わたしたちがもっとも直接に、もっとも親密に個人的に関わり合いをもっているのはみことばです。聖三位のどの位格と同化するかといえば、それはみことばです。三位の命の動きのうちにわたしたちは父なる神と共にあり、聖霊を所有するでしょう。でもそれはおん子のうちにおいてです。わたしたちは神の子ですが、それはキリストとともに子であり、キリストとともに「愛を発出する」のです。

十字架の聖ヨハネが「みことばの目覚め」において捉えたものは、恵みのもっとも奥深い本質的動きです。ヨハネはそれをみことばそのもの、そしてみことばが所有するすべてのものとともに捉えました。

神のみことばは受肉され、無限である方が人間となられることで、人間と同じものになられ、そのおかげでわたしたちは神を知るものとなります。恵みは人間をみことばに似たものとし、その人間性をキリストの人間性に属するものとします。

クリスマスの祝日は十字架の聖ヨハネを霊魂の深みへと導き、そこにみことばが住まわれていることを示します。この現存をわたしたちは他の超自然的現実と同じように、体験を通し、またあるがままのわたしたち自身を通し、わたしたちに与えられた神的なものと人間的なものを通して、霊魂の信仰のまなざしによって実現します。

十字架の聖ヨハネの喜びは、このような体験、深い発見から生じています。大変浄められ、繊細なまなざしをもった彼のうちで、このみことばの目覚めは熱狂的なものであったのでしょうか。あるいは穏やかであったのか、いずれであっても、神の恵みは彼の心と体の隅々にまで及んでいることが彼の喜びだったのです。

3　ベツレヘムの貧しさ

クリスマスにこの喜びは周囲と調和していました。この喜びが内的なものであったので、目を閉ざさるを得なかったのだとわかります。いいえ、周りのものの上に目を開いていました。霊魂に神がはじめてご自分を示されるときは、外的世界に対して感覚を閉じることを余儀なくさせられます。その後に神的なものが内面で溢れ出るとき、それが感覚に至るまで及ぶことがあっても、目をもはや閉じることはありません。観想家はもう眼を閉じることがないのです。

ですから十字架の聖ヨハネの目は見開かれていました。外的な現実は、それまで象徴的であり、発見した内的現実と調和していると見えていました。ベツレヘムの夜、単純にぼんやりと見えていた貧しさ、寒さ、何もないことなどすべては自分の霊的体験と神秘的知恵と調和していました。眠っているみことばを発見し、自分の深奥を極めるために貧しくなり、赤裸になり、剥奪され、放棄しなければなりません。

イエス誕生の神秘は十字架の聖ヨハネが教える「無《ナダ》」の教えをなんとよく示しているのでしょうか。おん父は沈黙と単純さのうちにみことばを発せられました。この地上においても同じことです。同じような環境、すなわち剥奪、貧しさ、闇、沈黙などすべての欠如において神はみことばを余すところなく輝き出させます。みことばが来られるのは謙遜においてです。人間のうちに受け入れられるには人間性を必要とされました。しかし、それは剥奪された人間性でした。身体をおく場所が地上に必要だったのです。ほんの少しの場所、飼い葉おけと少しばかりのわらでした。この地上においてみことばを生み出すのに必要なのはそれだけです。これこそがすべての神的なものを生み出す法であり、わたしたちのうちにキリストが来ていただくのにも同じことです。

みことばの誕生にあたってこの確認を得たことは、十字架の聖ヨハネにとって何という喜びだったことでしょう。すでに彼の生き生きとした体験、そしてカルメル山登攀の教え（ここで問題なのは知的な教えではありません）の生き生きとした具体的な真実の確認でした。これこそがベツレヘムなのです。

4　毎日がクリスマス

わたしたちが自分のうちにみことばの現存をすでに実現した度合いに応じて、またおん子、みことばに似た者となる度合いに応じて、わたしたちもイエスの誕生の神秘から生じる同じ喜びにあずかることができるように聖人たちに願いましょう。

クリスマスは、わたしたちのうちにキリストが徐々に来られるという霊魂の深みから湧き出る大きな希望を、わたしたちにもたらします。彼はそこにおられ、眠っておられる、でももしかすると時折目覚められるかもしれません。

もし教会において、みことばの目覚めであるクリスマスを年に一度祝うだけだとしても、わたしたちにとって毎日がクリスマスであり得るのです。毎日イエスはわたしたちのうちで肉となり（注：「キリストの人性の延長となる」との表現もある：三位一体のエリザベットの三位一体への祈り参照）、わたしたちの霊魂を神秘的に、けれども実際にご自分のものとされるからです。聖体拝領において、イエスはわたしたちの所に来られ、わたしたちを「食べ」られます（『アウグスティヌス告白』）。祈りにおいてわたしたちは「栄光から栄光へと、主と同じ姿へと変えられていくのです。」（二コリ3・18）。愛によって働くとき、その愛はまた仕事においてもわたしたちを変えます。愛がわたしたちを変えるのです。愛といっても感情ではなく、実際に行為として具体化される愛徳のことです。自分を与えていくとき、愛は成長します。みことばはわたしのうちに住まわれており、沈黙のうちにわたしが自分の内奥に戻って来ると、活動によって実現したもの（愛の行為）を感知して、わたしのうちで、みことばは神秘的に成長されます。それ故「愛を実行することはとても大切なのであり」、つねにさらに浄化されていくまなざしで愛を見つめ、神がそのうちに生きておられる人々に自分を与えながら生きて、神にわたしたちを与える愛の行為を生きることが大切なのです。

5　みことばが来られるには

みことばはどのようにしてご自身をわたしたちに与えくださるのでしょうか。彼は来られ、わたしたちのうちにおられます。わたしたちを変容させようと来られるのです。でもどのようにしてなのでしょう。

みことばが来られるのは、ベツレヘムの飼い葉桶に来られたと同じように、貧しさ、剥奪、沈黙、暗闇などのうちにおいてです。すべての外的なもの、自分が所有している内的なもの、そしてわたしたち自身も全く貧しくなることによってなのです。この地上へのみことばの到来が貧しいものであったのは、ベツレヘムの住人たちが宿を提供しなかったというだけではありません。飼い葉桶がみすぼらしい、それだけではありませんでした。周りのものすべては貧弱、二人の旅人も貧しくマリアがその子を包んだ布も質素でした。

神が求められるのは単に外見上の貧しさではありません。わたしたちの霊魂の貧しさ、この世に来られた時からみことばが教えてくださった至高の離脱です。

このことを主がわたしたちにわからせてくださるよう願いましょう。クリスマスの祭日を祝うとき、この大きな希望への呼びかけが、わたしたちにあることをわからせてくださるように主に願いましょう。

クリスマスが今日、すでにわたしたちのうちに住まわれているみことばの目覚めとなりますように。と同時に、その方との完全な一致へ向かって、さらに深くわたしたちのすべての能力を捕えてくださるように強く熱望する目覚めとなりますように。聖人たちが味わうクリスマスの喜びとは、感知したことが実現した喜びであり、おぼろげに見たものが実現した喜びなのです。すでにささげられたものの喜びであり、来るべきささげものへの希望の喜びなのです。それはある苦しみが混じっている喜びといえるでしょう。なぜなら「希望」はまだ希望したものを受けていない人の苦しみを含むからです。でも同時に平和と喜びを望んでいる人は、その望むものをすでに所有しているという確信をもっています。

クリスマスはわたしたちに、わたしたちのうちで実現された平和と喜びをもたらします。すなわち無限であるその方がわたしたちに自らを与え、わたしたちをご自分のものとしてくださるために、この地上に来られたのです。この神の善良さへの希望から湧き出る平和と喜び。わたしたちの希望はそこにあります。わたしたちの努力にではなく、わたしたちの善意にでもなく、ひたすらみことばのこの動きにあるのです。彼はさらに深く、罪の深淵、わたしたちの汚れた人間性にまで降りることを望まれました。

6　人々のために希望して

クリスマスの祭日がわたしたちと人々のために喜びにあふれ、平和であり、深い感謝と希望に満ちたものでありますように。喜びのうちにあって、このような素晴らしい偉大なことを知らない世間の人々を忘れないようにしましょう。

クリスマスを外面的にだけしか祝わない人々を想いおこしましょう。平和とまったく人間的な魅力だけを遠くに眺め見て、最も深い神の啓示を見ることのない人々のために祈りましょう。この祭日の深い意味を知らない人々のために、またこのような喜びを知らない人々のために祈りましょう。わたしたちの祈りによってキリストの神秘がさらに人々のうちにあらたに広められますように。

・**『暗夜』** 十字架の聖ヨハネ著 山口女子カルメル会改訳
一九八七年 ドン・ボスコ社
・**『愛の生ける炎』** 十字架の聖ヨハネ著 山口女子カルメル会改訳
一九八五年 ドン・ボスコ社
・**『霊の賛歌』** 十字架の聖ヨハネ著 東京女子カルメル会訳
一九八九年 ドン・ボスコ社
・**『カルメル山登攀』** 十字架の聖ヨハネ著 奥村一郎訳
一九七五年 ドン・ボスコ社
・**『霊魂の城』** イエズスの聖テレジア著 東京女子カルメル会訳
一九六六年 ドン・ボスコ社
・**『自叙伝』**＝『イエズスの聖テレジア自叙伝』 東京女子カルメル会訳
一九六〇年 中央出版社
・**『自』**＝『幼きイエスの聖テレーズ自叙伝』 伊従信子改訳
一九九七年 ドン・ボスコ社

・『JVVD』 Je Veux Voir Dieu, Edition du Carmel (JVVDの全邦訳なし)
一部のみ邦訳＝『いのりの道をゆく』の第二部　わたしは神をみたい
伊従信子編・著　聖母文庫　聖母の騎士社

福者マリー＝ユジェーヌ神父の生涯

神の恵みに委ねて（一八九四―一九六七年）

「聖霊はあなたの心のうちで光として気づかれる前に、すでに出来事やさまざまな状況の中であなたを導いておられます。……しかし、それは闇の中での光です。聖霊がどこに行くのか、どこから来るのかわたしたちにはわかりません」（一九六五年）とマリー＝ユジェーヌ師は聖霊について言っています。さらにためらいなく、「わたしは聖霊をわたしの友と呼びます。」そう呼ぶ理由がわたしにはあるのです」、「聖霊はいつもわたしに逆らわれました。しかし結果的にはよい方に導かれたのです」と。

これらの言葉には師が聖霊とどれほど親しかったかを示す体験がにじみ出ています。マリー＝ユジェーヌ師の生涯を眺める時、彼に使命を託した愛の霊がそこに働いていることがわかります。その使命とはすべてのキリスト者の生活の目的である神との親しさに人々を導くことです。

アンリ・グリアルーは一八九四年十二月二日、フランス中部の山岳地帯に五人兄妹の三番目として生まれました。父は炭鉱の抗夫でしたが、一九〇四年病で急逝しました。その時アンリはまだ十歳でした。その後グリアルー夫人は五人の子を育てるために懸命に働かなくてはなりませんでしたが、母親として子供たちに惜しみなく尽くしました。このような母の愛と信仰は子供たち、特にアンリにとっては宝でした。

かなり早い時期にアンリは司祭となる神の呼びかけを心のうちに聞きました。そして気丈な母がかなりの犠牲を払って息子の学費を工面したのです。

神学校ではアンリは優秀な生徒であり、素晴らしい仲間でした。アンリは誰とでも友になれると人々は一致して強調しています。またこの神学校時代に、後日わたしの「幼児期の友」とアンリが呼ぶリジューのテレーズを発見し、そのメッセージをいつも新たな喜びのうちに深めてゆきました。

一九一四年、戦争！　士官としてアンリは前線で戦いました。そしてそこで部下たちの扱い方を学び、また日々苦しみや死に出会いました。戦争とはつらい学び舎です。一九一九年に復員。戦争という四年間の厳しい試練の後、人間としても成長したアンリは、祈りと沈黙への深い望みにかられて再び神学校に戻る決意をしました。「全身全霊をあげて司祭になることを決めた。」

一九二〇年十二月十三日、彼の人生においてすべてを覆す決定的な出来事がおきました。その夜アンリは「十字架の聖ヨハネ略伝」を読んでいました。本を閉じた時、抵抗できない何かにとらわれました。神は自分をカルメルに呼んでおられる！　その時アンリはカルメルの生活について何も知りませんでした。カルメル会士を見たこともなかったのです……自分でも頭がおかしくなったのかと思ったほどでした！　しかし、このような絶対的召命を実現するのに、アンリはさまざまな激しい反対に直面しなければなりませんでした。

アンリは一九二二年二月四日に叙階された後、二四日にはパリ郊外アヴォンのカルメル会修練院に入会しました。母親はこの別離に心を引き裂かれ、その苦しみは極みに達していましたが、アンリはすべてをささげて新しい生活に入りました。幼きマリー＝ユジェーヌ神父となったアンリは、修練期中の厳しい生活でカルメルの恵みの深み、特にアヴィラのテレサ、十字架のヨハネ、そして内的に満たしてくれる沈黙の祈りの恵みなどを発見してゆきました。その恵みに彼は生涯変わることなく忠実にとどまり、人々にも伝えてゆきました。すべてが剥ぎ取られてゆくように思われる時に、あるいは深い恵みの時に、聖霊は彼に自分の使命を垣間見させ、霊的父性を予感させていました。

一九二三年にリジューのテレーズが列福された時には、この小さな聖人の霊的天才の深みを理解し、将来の果てしない希望であると確信し、大きな喜びにつつまれました。

誓願後には北フランスのリール市に派遣され、「カルメル」誌の編集を任せられました。この仕事を通して彼は、カルメルの教えは修道院を超えて多くの人々が待っているメッセージであると気付きました。それ以来、観想が「町外れにも、そして大通りにも」浸透するという望みを自分のうちにもったのです。

一九二八年まったく予期しない出来事がありました。それは南仏プロヴァンス地方のプチ・カストレにあるカルメル会小神学校への派遣でした。

一九二九年聖霊降臨の日にそこで三人の女性の訪問を受けました。彼女たちはマルセイユにあるノートルダム・ド・フランス学院の若い教師たちで、カルメルに魅せられ神に奉献したいと思っていました。そのような望みを抱いて、霊的識別の指導に評判の高い若い修道者マリー＝ユジェーヌ師を訪れ、その指導を願い出たのです。こうして彼女たちはノートルダム・ド・ヴィ在俗会創立の礎となり、その一人マリー・ピラは共創立者になります。

一九三二年にはマリー＝ユジェーヌ師に聖母マリアの古い巡礼所が摂理的に寄贈され、驚くべき霊的冒険が始まることになりました。まだどのような形を取ってゆくことになるか前途はわかりません。さまざまな出来事はすべての計画への道を閉ざしてしまうかのように思われました。

その後、マリー＝ユジェーヌ師はプチ・カストレからローマへと派遣され、再びノートルダム・ド・ヴィから遠のくことになりました。一九三七年総長顧問に選出され、ローマ滞在を余儀なくされたのです。しかし長上は彼にすでに始まった神のみ業、揺籃期の創立に携わり続けることを望みました。一方ノートルダム・ド・ヴィでは召命が増え、行く先は闇に覆われているものの小さなグループはいのちの母マリアのまなざしのもとに聖霊の息吹を受けて徐々に成長していました。

一九三九年戦争が勃発したため、マリー＝ユジェーヌ師は一九四〇年以降はフランスとの対戦国であったイタリアにとどまることはできませんでした。そのため フランスに戻った師は、不確実で危険なこの時期にも観想生活が要求する厳しさを緩和することなく使徒的活動に携わりました。「わたしの生活はカルメルの生活がそうであるように落ち着いた、深く潜心した生活です。」彼の熱心な使徒的働きは念祷への彼の忠実さに源を発しています。

一九四六年マリー＝ユジェーヌ師はローマのカルメル会総長館に戻りました。一九四八年教皇は彼をフランスのカルメル会の視察使に任命し、ついでフランスの女子カルメル会の連合を組織する任務を与えました。同時に飛躍的に発展し始めたノートルダム・ド・ヴィの創立者として、会を父性的まなざしで見守っていました。

師がカルメル会の仕事に全身全霊ささげつくしているその時に、ノートルダム・ド・ヴィは教会から正式に在俗会として承認されました。在俗会という教会が制定した奉献生活のこの新しいあり方は、マリー＝ユジェーヌ師が自分のもっとも深いところで確信していた霊的直感と一致していたのです。

社会の只中で働くノートルダム・ド・ヴィの会員が大通りや町外れで出会う

人々は、神に渇きながらも日々の生活の中でその渇きを眠らせてしまっています。このような人々に会員はそれぞれの生活の場で神の証し人として生きようとします。このような理想を実現するのには二年間の最初の養成と日々二時間の念祷、そして「祈りの家」に定期的に戻ることが必要とされます。「祈りの家」での生活は砂漠の時であると同時に兄弟姉妹との生活および会の恵みに浸る時となっています。

ローマ滞在中、マリー＝ユジェーヌ師は主著、「わたしは神を見たい」(Je veux voir Dieu)の執筆にあたりました。これは師の三十年間に及ぶ霊的体験の実りといえます。カルメル会の教えの総合であり、その軸となるのは念祷です。「わたしは神を見たい」は一九四九年に出版され現在に到るまで広く普及しています。

一九五四年カルメル会総長の突然の死により、マリー＝ユジェーヌ師は総長を代行することになりました。カルメル会最高責任者として果たした中東、極東の修道院訪問では、共産圏近くに及ぶものもありました。そのような折に、広い中国へとまなざしを向け、主の受難を生きている教会の苦しみと一致するのでした。こうした訪問から深く影響を受けたことは帰国後の師の文通からうかがい知ることが出来ます。

一九五四年ノートルダム・ド・ヴィがフィリピンに創立された際、次のように書いています。

「ノートルダム・ド・ヴィは生ける神、愛の霊を証しするのであって一つの文化を証しするのではありません。」

一九五五年フランスに戻り、ノートルダム・ド・ヴィの創立者、およびカルメル会アヴィニョン-アキテン管区管区長として教会のために広く働き続けました。

その頃ノートルダム・ド・ヴィはドイツ、メキシコ、スペイン、カナダ、ポーランド、日本と急速に広がってゆきました……。また司祭の部、男性の部（信徒として奉献されている）が、それぞれ一九六〇年、そして一九六三年に教会より認可されました。また賛助会員《アソシエイト》、家族を持った人々も同じ精神に生きるようになりました。マリー＝ユジェーヌ師は、「ここノートルダム・ド・ヴィでは聖霊と聖母がすべてをなさったのです」と言っています。

第二ヴァチカン公会議が開催された時、マリー＝ユジェーヌ師は公会議に驚くどころか、大きな熱意を持って歓迎し、絶えず公会議の文書を普及させ人々に学ばせました。

その後、病に倒れた師は、徐々に力尽きてゆくのを悟りました。一九六七年ご復活の主日には苦しみに打ちひしがれながらも、愛の霊に抵抗しがたく引き寄せられ、深く一致していました。そして最後の霊的遺言をノートルダム・ド・ヴィの会員たちに残しました、「祈りと活動を一致させるという会の精神に忠実にとどまりなさい。」「私は聖霊に抱かれに行きます。」そして翌日、復活の月曜日にあたる三月二七日に息を引き取りました。その日は、いのちの母、復活された方の母を崇めて記念されるようになった「いのちの聖母」（ノートルダム・ド・ヴィ）の祝日でした。

おわりに

マリー＝ユジェーヌ神父はその生涯のおわりに「心の深みで、わたしは十字架の聖ヨハネと生きている」という言葉を残しています。この言葉からマリー＝ユジェーヌ神父がいかに「愛と暗夜の博士」である十字架の聖ヨハネと親しく交わっていたかを垣間見ることができるでしょう。

カルメルの教えは確かに厳しくても、人間の霊的な渇きを十分に満たしてくれ、わたしたちの時代はその教えを必要としていると深く確信していました。本書において、マリー＝ユジェーヌ神父は十字架の聖ヨハネの深淵な霊性を四世紀の隔たりの底から汲みとって、現代の混沌とした社会の中で神へと向かおうとする者たちに希望の光を投げかけます。

二〇一六年十一月十九日マリー＝ユジェーヌ神父は教会によって福者に挙げら

れます。「人々を神へと導く使命がある」といっていたマリー＝ユジェーヌ神父が、本書を通して日本の教会のなかでさらに広く働くことができるなら、訳者としてこれほどよろこばしいことはありません。

出版にあたり、聖母の騎士社の赤尾満治神父様と編集部の温かい支援、「カルメル誌」より修正・転載を許可してくださった男子カルメル会管区長九里彰様のご厚意に深く謝意を表します。

二〇一六年十一月一日

伊従　信子

再版にあたって左記のことをお断りいたします。

＊人名について

○マリー・エウジェンヌ神父は、列福後「マリー＝ユジェーヌ」神父と表記することになりました。

《伊従信子（いより・のぶこ）》
元上智大学比較文学部教授、ノートルダム・ド・ヴィ（いのちの聖母会）会員
著　書　『テレーズの約束』『レオニー―小さい道を妹テレーズとともに』『いのちの道』『祈りの道』（サンパウロ）『神は私のうちに 私は神のうちに』（聖母の騎士社）『テレーズを愛した人々』（女子パウロ会）ほか
編著書　『いのりの道をゆく』（聖母の騎士社）ほか
編訳書　『テレーズの祈り』（聖母の騎士社）ほか
訳　書　『幼いイエスの聖テレーズ自叙伝』『三位一体のエリザベット』（ドン・ボスコ社）『わがテレーズ 愛の成長』（サンパウロ）『イエスの渇き』（女子パウロ会）『いのりの道』（聖母の騎士社）ほか多数

福者マリー=ユジェーヌ神父に導かれて
十字架の聖ヨハネの
ひかりの道をゆく
伊従信子 編・訳

2016年11月19日　第1刷発行
2018年 8 月15日　第2刷発行

発　行　者●竹　内　昭　彦
発　行　所●聖母の騎士社
〒850-0012 長崎市本河内2-2-1
TEL 095-824-2080/FAX 095-823-5340
E-mail: info@seibonokishi-sha.or.jp
http://www.seibonokishi-sha.or.jp/
製版・印刷●聖母の騎士社
製　　　本●篠原製本（株）
Printed in Japan
落丁本・乱丁本は小社あてにお送りください。送料は小社負担にてお取り替えします。
ISBN978-4-88216-372-5 C0195

聖母文庫

R・ドグレール／J・ギシャール＝著　伊従信子＝訳
神と親しく生きる
幼きイエスのマリー＝ユジェーヌ師とともに
いのりの道

現代の狂騒の中で、大切な何かを見失っていないだろうか…真理、善、美、生きる意味、神との関わりを捜し求めている人たちへ送るメッセージ。

価格500円（税別）

伊従信子＝編著
わたしは神をみたい
マリー＝ユジェーヌ神父とともに
いのりの道をゆく

マリー＝ユジェーヌ神父は、神が、多くの人々を神との一致にまで導くように、自分を召されたことを自覚していました。

価格600円（税別）

伊従信子
神はわたしのうちに わたしは神のうちに
三位一体のエリザベットとともに生きる

わたしの一生に太陽がさんさんと注いでいたのは「心の深みに住まわれる神」と親しくしていたからでした。

価格500円（税別）

場﨑　洋
キリスト教 小噺・ジョーク集

この書で紹介するものは実際に宣教師から聞いたジョークを集めて綴ったものですが、それ以外にも日本で生まれたジョークや笑い話、小噺を載せてみました。

価格600円（税別）

場﨑　洋
イエスのたとえ話
私たちへの問いかけ

歴史的事例や人物、詩などを取り上げながら私たちが生きている現代社会へ問い掛けているイエスのメッセージに耳を傾けていきたいと思います。

価格800円（税別）

聖母文庫

森本　繁
ルイス・デ・アルメイダ

本書は、アルメイダの苦難に満ちた医療と伝道のあとを辿り、ルイス・フロイスとの友情や、さまざまな人たちとの人間的な交流を綴ったものである。

価格600円（税別）

ホセ・ヨンパルト
「笑う」と「考える」・「考える」と「笑う」

人間は笑うだけでは幸せになれませんが、考えることによって幸せになることができます。

価格500円（税別）

ルイス・カンガス
イエス伝
イエスよ、あなたはだれですか

男も女も彼のために、全てをささげ命さえ捧げました。この不思議なイエス・キリストとはどのような方でしょうか。

価格1000円（税別）

ミゲル・スアレス
キリスト者であることの喜び
現代教会についての識別と証しの書

第二バチカン公会議に従って刷新された教会からもたらされる喜びに出会いましょう。

価格800円（税別）

水浦征男
この人

月刊「聖母の騎士」に掲載されたコラム（「スポット・ライト」、「この人」）より1970年代から1980年代にかけて掲載された人物を紹介する。

価格800円（税別）

聖母文庫

木村　晟
すべては主の御手に委ねて
ヴォーリズと満喜子の信仰と自由

キリスト者達は皆、真理を実践して真の自由を手にしている。近江兄弟社学園の創設者ヴォーリズと妻満喜子も、平和を愛する信仰の勇者なのであった。価格１０００円（税別）

森本　繁
南蛮キリシタン女医　明石レジーナ

江戸時代初期に南蛮医学に情熱を燃やし、外科治療に献身した女性が存在した。実証歴史作家が描くレジーナ明石亜矢の物語。価格８００円（税別）

高橋テレサ＝編著　鈴木宣明＝監修
アビラの聖女テレサと家族

離れがたい結びつきは夫婦・血縁に限ったことではない。縁あって交わることのできた一人一人との絆が大切なのである。それを私は家族と呼びたい。価格５００円（税別）

レジーヌ・ペルヌー＝著　門脇輝夫＝訳
現代に響く声　ビンゲンのヒルデガルト
12世紀の預言者修道女

音楽、医学他多様な才能に恵まれたヒルデガルト。本書は、読者が著者と同じく彼女に惹かれ、親しみを持てるような研究に取り組むものである。価格８００円（税別）

﨑濵宏美
石蕗の詩（つわぶきのうた）

叙階25周年を迎えた著者は、長崎県五島生まれ。著者が係わりを持った方々への感謝を込め、故郷から現在に至る体験をエッセイや詩で綴る。価格５００円（税別）

聖母文庫

真の愛への道
ボグスワフ・ノヴァク
人間の癒しの源であるキリストの受難と復活

名古屋・南山教会主任を務める神言会のポーランド人司祭が著した愛についての考察。愛をまっとうされたイエスの姿から、人間の愛し方を問う。 価格500円(税別)

愛の騎士道
水浦久之

長崎で上演されたコルベ神父物語をはじめ、大浦天主堂での奇跡的出会いを描いたシナリオが甦る。在世フランシスコ会の機関誌に寄せたエッセイも収録。 価格600円(税別)

教皇ヨハネ・パウロ物語
水浦征男
「聖母の騎士」誌22記事再録

教皇ヨハネ・パウロ一世は、あっという間に姿を消されたため、その印象は一般にあまり残っていない。わずかな思い出を、本書の記事で辿っていただければ幸いである。 価格500円(税別)

ピオ神父の生涯
ジョン・A・シュグ=著　甲斐睦興=訳　木鎌安雄=監訳

2002年に聖人の位にあげられたカプチン会司祭ピオ神父は、主イエスの傷と同じ五つの聖痕を持っていた。神秘に満ちた生涯を文庫サイズで紹介。 価格800円(税別)

こころのティースプーン(上)
ハビエル・ガラルダ
ガラルダ神父の教話集

東京・雙葉学園の保護者に向けてガラルダ神父がされた講話をまとめました。心の底に沈んでいる「よいもの」をかき回して、生き方に溢れ出しましょう。 価格500円(税別)

聖　母　文　庫

ハビエル・ガラルダ
こころのティースプーン（下）
ガラルダ神父の教話集

イエズス会司祭ガラルダ神父が雙葉学園の保護者に向けて語られた講演録第二弾。心の底に沈んでいる「よいもの」をかき回して、喜びに満ちた生活へ。

価格500円（税別）

田端美恵子
八十路の春

八十路を歩む一老女が、人生の峠に立って永久に広がる光の世界を見つめ、多くの人が神の愛に目覚めてくれることを願いつつ、祈りを尽くして綴った随想。

価格500円（税別）

駿河勝己
がらしゃの里

日々の信仰を大切にし、御旨のうちに生きる御恵みを祈り、ガラシャの歩まれた永遠の生命への道を訪ねながら…。

価格500円（税別）

ムンシ　ロジェ　ヴァンジラ
村上茂の生涯
カトリックへ復帰した外海・黒崎かくれキリシタンの指導者

彼の生涯の一面を具体的に描写することが私の意図であり、私は彼に敬意を払い、また彼の魂の遍歴も私たち自身を照らすことができるように思います。

価格500円（税別）

平田栄一
「南無アッバ」への道
井上洋治神父の言葉に出会うIII

毎日事あるごとに「南無アッバ、南無アッバ」と、神父様のあの最後の実践にならって、唱えることかもしれません。

価格800円（税別）